새로운 부의 기회,

NFT

새로운 부의 기회

NFT

이시한 지음

가상화폐
마케팅
메타버스
비즈니스
S
_

netmaru

CONTENTS

프롤로그

기술은 늘 어제보다 오늘이, 그리고 오늘보다 내일이 조금 더 발전합니다. 하지만 대중의 관심이 그에 비례하는 것은 아니죠. 특정한 이슈가 있으면 큰 관심을 기울였다가 이슈의 수명이 다하면 다시 다른 곳으로 눈을 돌리는 것이 미디어고, 대중입니다. 그것이 한 가지 기술이 급격하게 나타나 반짝했다가 다시 급격하게 사라져가는 것처럼 보이는 이유예요. 하지만 그 기술은 여전히 발전하는데다가, 다양한 분야에 응용되며 발전의 속도를 결코 늦추지 않습니다. 그래서 다음에 다시 그 기술에 대중이 관심을 가질 때는 갑자기 발전한 모습 때문에 깜짝 놀라곤 합니다.

NFT가 처음 대중의 관심에 포착되었을 때는 유동성의 시대였어요. 이때 NFT의 변동성은 투자 이슈와 맞물려서 폭등할 수 있는 투자 거리로 급격한 스포트라이트를 받았습니다. 하지만 팬데믹 이후 유동성이 걷히면서 큰 변동성은 오히려 폭락할 수 있는 투자 거리로 인식되었고, NFT는 대중의 관심에서 멀어지게 됩니다.

하지만 이런 시기이기 때문에 NFT는 드디어 비즈니스로서 주목받을 수 있게 되었습니다. 앞으로 더더욱 발전할 비대면 디지털의 시대에는 우리의 일상이 디지털상에 펼쳐지게 될 것입니다. 그것이 앞으로 펼쳐질 Web 3.0의 메타버스든, 아니면 현재 Web 2.0의 중앙집중식 플랫폼이든 말이죠. 그렇기 때문에 디지털 소유권 증명인 NFT의 기능은, 앞으로 보편화될 디지털 자산을 만들어주는 중요한 요소가 될 것입니다.

수렵 및 채집을 하며 이 동굴 저 동굴 떠돌며 생활하던 사람들에게 집은 아무 의미가 없는 것이죠. 하지만 농경 생활을 하며 정착한 사람들에게 집과 땅은 중요한 자산이 됩니다. 그리고 그 집과 땅의 소유권을 증명해 주는 문서가 자산의 역할을 하게 되죠. 디지털 자산의 소유권 증명인 NFT의 역할이 바로 집문서, 땅문서인 것입니다. 그 자체로는 종잇조각에 불과하지만, 그 종잇조각이 증명해 주고 있는 가치 때문에 우리는 이 문서들을 거래할 수 있는 것이죠. 집과 땅을 들고 다닐 수는 없으니까요. 바로 이러한 거래 가능성에서 비즈니스의 적용과 확장이 나오는 것입니다.

NFT는 이제 비즈니스로서 응용되는 다음 단계에 도달했어요. 디지털 콘텐츠의 소유 증명 기능으로 재미있게 주목받았던 디지털 그림이나 수집품 거래에 대한 흥미는 이제 유효기간이 끝나가고 있습니다. 보다 확장된 형태의 비즈니스가 바야흐로 시작되고 있죠. 이제 NFT 비즈니스는 다양한 시험과 실험을 통해 디지털 시대의 핵심 비즈니스로 그 자리를 찾아갈 것입니다. NFT는 디지털 콘텐츠의 소유 증명 기술인 만큼 디지털 시대와 콘텐츠의 시대에 가장 중요한 기술 중 하나인 것은 틀림없으니 말이죠.

개인이든 비즈니스를 하시는 분이든 NFT 비즈니스가 자리 잡는 초창기 과정에서 하나의 역할이나 서비스를 찾아야 합니다. 이미 전개하고 있는 비즈니스가 있다면 지금의 비즈니스를 디지털 비대면 시대에 성공적으로 트랜스포메이션할 방법을 찾아야 하는 것이죠. NFT 비즈니스는 이제 시작인 만큼 초창기에 자리 잡으면 차원이 다른 부와 성공에 다다를 수 있습니다. 디지털 세계는 나라를 초월해서 비즈니스가 전개되기 때문에 NFT 비즈니스는 대부분 글로벌로 이어질 수 있는 것이죠. NFT 비즈니스는 시작하는 순간, 이미 글로벌 비즈니스인 거예요.

이 책을 보시면 NFT의 원리와 역사, 그리고 핵심에 대해서 파악할 수 있습니다. 그리고, 그런 특징 때문에 현재 어떤 식으로 NFT 비즈니스가 전개되고 있는지도 알 수 있을 것입니다. 앞으로의 NFT 비즈니스는 어떤 식으로 전개될 것인지도 언급하기에 여러분의 생각을 조금만 더한다면 인사이트와 영감을 얻어 갈 수 있을 것입니다. 책을 읽으시며 나만의 새로운 NFT 비즈니스를 발견할 수 있는 즐거움 가득한 시간이 되길 바랍니다.

01

NFT에는
도대체 어떤 가치가
있는 것일까?

하루 아침에 유명해진 'NFT'

　시인 조지 고든 바이런(George Gordon Byron)은 2년의 유럽 여행의 경험을 바탕으로 『차일드 해럴드의 순례』라는 시를 출판합니다. 이 시집은 바이런을 하루아침에 유명 인사로 만든 시집이죠. 그래서 바이런은 '어느 날 아침에 일어나 보니 유명해져 있었다.'라고 말하기도 했습니다.

　현대 사회에서는 그의 이 말에 공감하게 될 때가 많습니다. '유명해져 있었다'는 부분에 공감하는 것이 아니라, '자고 일어나면' 달라져 있는 변화의 속도 때문에 이 말을 떠올리게 됩니다. 현대 사회의 여러 구성 요소가 다 그러하지만, 테크씬(Tech Scene)에서는 이런 속도감이 더욱 심합니다. 그런데 테크씬에서도 특히 '이건 너무하다' 싶을 정도의 속도감을 보여주는 것이 바로 NFT입니다. 자고 일어난 정도가 아니라 '점심을 먹고 오니 유명해져 있었다.' 정도라고 할 수 있습니다.

대중이 한참 관심을 가졌던 2021년의 NFT와 지금의 NFT에는 굉장한 차이가 있습니다. 그 사이에 루나 사태*로 촉발된 암호화폐 폭락과 그에 따른 크립토씬(Crypto Scene)의 겨울이 있었기 때문입니다. 훗날 NFT의 역사를 돌아보면 바로 이 시점이 NFT 전체의 흐름에 큰 변곡점으로 기록될 것으로 보입니다. 정확하게 따져 보면 루나 사태 때문에 암호화폐가 폭락했다기보다는 금리 대세상승기로 인한 글로벌 침체 중 하나의 현상이었지만, 암호화폐 쪽에서는 루나 사태가 확실히 상징적인 사건이긴 합니다.

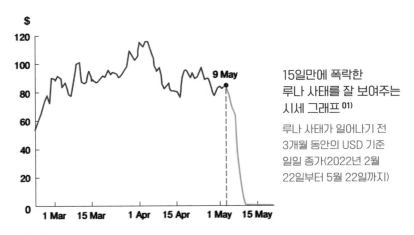

15일만에 폭락한
루나 사태를 잘 보여주는
시세 그래프 [01]
루나 사태가 일어나기 전
3개월 동안의 USD 기준
일일 종가(2022년 2월
22일부터 5월 22일까지)

자료: CoinMarketCap

* **루나 사태** 2022년 5월 글로벌 가상 자산 시가총액 7위인 테라폼랩스의 루나 코인이 99% 이상 폭락한 사건

NFT가 금리 상승의 영향을 크게 받았다는 것은 사실상 그동안의 NFT가 투자와 재테크적인 관점에서만 조망되었다는 말과 다를 바가 없습니다. 부동산, 주식에 비해서 변동성이 심한 재테크 수단이었을 뿐, 비즈니스나 사업의 아이템으로 생각되지는 않았다는 것입니다. 하지만 바로 이 루나 사태 이후부터 NFT에 꼈던 투자(를 빙자한 투기)적인 거품이 빠지고, 본질만 남으면서 비즈니스로서의 기능과 가능성에 주목하는 경향이 생기기 시작했습니다.

그래서 많은 분들이 루나 사태가 '투자자의 탈을 쓴 투기꾼'이 망쳐 놓은 NFT 시장을 본래 의미의 비즈니스 개념으로 돌려놓을 좋은 기회라고 이야기하기도 합니다. 조금 더 쉽게 말하면 이 기회에 소위 '떨거지'들은 다 떨어져 나가고, 본격적으로 사업할 사람들만 남는다는 것입니다.

바닐라라라테 정도는 먹어야

요즘 들어 제가 포럼이나 강연을 하게 되면 메타버스와 NFT 모두 비즈니스와의 연관성에 대해 강연해 달라는 요청이 주를 이룹니다. 포럼은 대부분 '비즈니스로 응용되는 사례 등을 체계적으로 분석해 달라.'는 요청이 많고, 기업 강연이면 '우리 기업이 NFT 혹은 메타버스를 도입하려면 어떤 방식이 좋을까요?' 등과 같은 구체적인 적용에 대한 요청이 많습니다. 그래서 여러 산업, 혹은 요청한 기업의 산업과 완전히 다른 산업에서의 도입을 참고로 새롭게 적용할 만한 사례를 소개하는데, 이 과정이 꽤 재미있습니다.

그런데 간혹 포럼 발표 후에 따로 찾아와 명함을 주며 '우리 기업도 NFT를 도입하려고 하는데 통 감이 안 잡힌다. 아메리카노 한 잔 살 테니

조언을 부탁한다.'라고 하는 분들이 있습니다. 사실상 컨설팅을 해 달라는 건데 아무리 정식 의뢰가 아니지만, 컨설팅 비용을 전혀 지출하지 않고 아메리카노 한 잔으로 때우려는 의도가 너무 분명하지 않습니까? 그래서 저는 그런 분들에게 단호하게 얘기합니다.

"따뜻한 바닐라라테로 먹겠습니다."

얼마 전에도 메타버스를 구축하면서 NFT를 발행하려는 업체와 미팅을 한 적이 있습니다. 현실의 테마파크와 연계하여 메타버스를 구축하는 사업이다 보니, 해당 업체 대표님이 중심을 잡지 못하고 전체 프로젝트에 끌려다니는 형국이었습니다. 그러면서 저에게 물어보는 것이 'NFT 발행으로 도대체 무슨 사업이 될 수 있을까?' 하는 것이었죠. 조금 더 근본적으로는 'NFT에 가치가 있는가?' 하는 의문을 가지고 있었습니다. 과연 NFT에는 어떤 가치가 있는 것일까요?

NFT에 내재적 가치가 있을까?

NFT에 내재적 가치는 없습니다. 그렇다면 2021년에 NFT 아트와 PFP(Profile Picture) 프로젝트가 미친 듯이 팔린 것은 어떻게 된 일일까요? 저는 초창기 NFT 홀더의 니즈를 3M이라고 분석한 적이 있습니다. Money, Money, Money죠. 재미있게도 이런 말을 하면 정말 많은 분들이 공감합니다. 초창기라고 해 봤자 2021년에서 2022년 초반 정도지만, 이 기간에 NFT를 산 사람들의 목적은 오로지 단기적으로 얻을 수 있는 돈이었다는 것을 산 사람도, 지켜본 사람도 모두 인정한다는 얘기입니다.

이때 많은 분들이 '도대체 왜 실물 소유도 할 수 없는, 소유권 증명에 불과한 NFT를 몇억 원, 몇십억 원에 사는 것일까?' 하는 의문을 가졌죠. 그때 대답으로 많이 제시되는 것이 '희소성'이었습니다. 경제학 이론에서 가격이 정해지는 원리는 수요와 공급의 밸런스라고 합니다. 그러니 이 경우 희소성은 가격을 올리는 중요한 요인이 되는 것이 맞습니다. 수요가 한정적인 것이니까 말이죠. 하지만 이 말은 반만 맞습니다. 단순히 희소하다고 물건을 사지는 않기 때문입니다. '사고 싶은 물건'이 희소해야 가격에 영향을 미치는 것이죠.

예를 들어 제가 2023년 1월 1일에 생수 한 병을 마시다 반쯤 남겼다고 합시다. 이것은 굉장히 희소합니다. 단 하나 밖에 없는 것이니까 말이죠. 이 생수병을 경매에 내놓으면 과연 사람들이 살까요? 이렇듯 단지 희소하다는 이유로 사람들이 물건에 값을 지불하는 것은 아닙니다. 그렇다면 도대체 왜 NFT 아트는 말할 것도 없고, 잭 도시(Jack Dorsey)의 첫 번째 트윗이나 영화감독이 모아 놓은 방귀 소리는 잘 팔렸을까요?

jack ✔
@jack
···

just setting up my twttr
트윗 번역하기

오전 5:50 · 2006년 3월 22일

12.2만 리트윗　　**2만** 인용한 트윗　　**18.3만** 마음에 들어요

🗨　　🔁　　♡　　⬆

2021년 NFT 경매에서 약 35억 원에 팔린 잭 도시의 첫 번째 트윗 02)
2022년 경매에 나왔으나 예상을 밑도는 경매가 때문에 경매가 무산된 적이 있다.

자료: 잭 도시 트위터

그건 '기대' 때문입니다. 나름의 의미가 있거나, 최초의 프로젝트이거나, 그리고 유명한 사람의 아트 등에는 기대가 담겨 있습니다. 나중에 다시 재경매를 하게 되면 가격이 올라갈지도 모른다는 기대입니다. 말하자면 '이것을 통해서 돈을 벌 수 있다.'는 기대 심리 때문에 팔린 것이죠.

기대만 가지고 가격이 올라갈 수 있을까요? 충분히 그렇습니다. 대표적인 예가 주식입니다. 주식은 그야말로 종잇조각(요즘은 그냥 디지털 코드)에 불과하지만, 어느 정도의 회사 지분을 가지고 있다는 소유권 증명입니다. 그런데 이 주식을 10,000원에 사는 이유는 '10,000원을 저축하는 셈 치고 가지고 있어야지.' 하는 것이 아닙니다. 이 주식을 사서 15,000원에는 팔 수 있다는 믿음으로 보유하고 있는 것이죠. '주식 가격이 50% 정도는 올라갈 거야.'라는 기대가 있기 때문에 거래가 성사된 것이라 할 수 있습니다.

NFT 초창기가 바로 이런 상황이었습니다. 언론에서 계속 NFT의 거래 사례가 나오고, 게임 사나 엔터테인먼트 사를 비롯한 여러 업종의 회사들이 너도 나도 NFT에 대해 이야기하니까 가지고 있으면 앞으로 가격이 오를 수도 있겠다는 마음이 생기는 거죠. 그래서 초창기 NFT가 거래된 것이고, 그래서 또 초창기 NFT는 투자를 넘어 투기의 선까지 가게 되었습니다.

간혹 어떤 분들은 '한국 NFT 홀더는 2~3일 만에 팔아서 시세 차익을 노리려는 사람들이 대부분이고, 외국 NFT 홀더는 그렇지 않다.'라고 말하기도 하는데요. 조금 더 장기적으로 보유하는 경향이 있을 뿐이지, 외국 NFT 홀더도 시세 차익을 노리고 NFT를 보유하는 것은 비슷합니다. 말하자면 NFT에 비즈니스 가치를 부여하기보다는 기간의 차이만 있을 뿐, 대부분 투자적 관점에서만 접근했습니다.

그런데 루나 사태가 터지면서 암호화폐 시장에 겨울이 왔고, NFT를 가지고 있으면 더 많은 돈을 벌 수 있겠다는 기대가 무너지게 되었습니다. 그래서 사람들이 아트나 PFP 등과 같은 수집품 NFT에서 손을 떼게 된 것이죠.

NFT의 진짜 의미는?

이런 일련의 과정을 통해 더욱 확실히 알게 되는 것은 NFT 자체에 아무런 가치가 없다는 것입니다. 그렇다고 '뭐 이런 경우가 다 있나?' 생각할 필요는 없습니다. 그런 것은 많으니까요. 주식도 그렇고, 지폐도 그렇습니다. 지폐 자체에는 아무런 가치가 없습니다. 지폐의 내재적 가치가 전혀 없다는 말이죠. 그 지폐를 가지고 있으면 은행이나 국가가 그만한 가치를 보장해 줄 것이라는 외재적 믿음이 지폐의 가치를 지탱하고 있을 뿐입니다. 그러면 내재적 가치가 없는 NFT는 더 이상 활용할 수 없는 것일까요? 절대 그렇지가 않습니다. 그래서 비즈니스와 NFT의 결합이 필요한 것입니다.

> NFT에 가치가 있는 것이 아니라,
> 가치를 담아내는 것이 NFT입니다.

NFT 자체의 내재적 가치로 NFT의 값을 매기는 것이 아니라, 그 NFT가 담보하고 있는 비즈니스나 물건, 기대, 권리 등과 같은 외재적 가치가 NFT에 가격을 부여하는 것입니다. 그렇다면 NFT를 만들어 판매하려는 사람이 있다면 이 NFT를 어떻게 정립하고, 어떻게 홍보할 것인지에 치중하면 안 됩니다. 그래 봤자 그 NFT는 팔리지 않습니다.

원래 하고 있던 비즈니스의 어떤 가치를 NFT에 담아낼 것인지, 아니면 새로 만들어 내는 비즈니스 구조의 가치를 어떻게 NFT화할 것인지 고민해야 합니다. NFT를 소유할 만한 가치가 있다면 당연히 NFT는 팔릴 것이고, 시장에서 2차 거래도 일어날 것입니다. 아무런 가치가 없는데 거래가 일어나도록 설계하려니까 힘든 것이죠. 그럴 수 없으니까요.

다시 한번 강조하지만 NFT는 가치가 담겨 있는 것이 아니라 '가치를 담아내는 것'입니다. 그러니까 외부에서 가치를 공급해야 NFT가 작동한다는 것이죠.

비즈니스로서의 NFT

그렇다면 어떻게 NFT에 가치를 연계해야 할까요? 그것이 바로 비즈니스로서 NFT에 접근할 우리가 앞으로 관심을 두고 생각해야 할 부분입니다. 현실에 있는 비즈니스의 어떤 가치를 NFT에 담아낼 것인지도 중요한 포인트지만, 못지않게 중요한 것이 '왜 굳이 NFT로 담아내는 것인가?' 하는 점입니다. 굳이 NFT일 이유를 찾지 못한다면, 굳이 NFT를 비즈니스와 연결시키지 않아도 됩니다. 아니 오히려 연결시켜서는 안 됩니다. NFT라는 새로운 도구를 구현할 시간과 비용, 노력을 아껴서 원래의 핵심 비즈니스 역량에 집중하는 것이 더 나을 수 있습니다.

이렇게만 말하니까 추상적이죠? 예를 들어 세일을 잘 하지 않는 명품업체가 NFT 회원권을 발행합니다. 이 NFT를 소지하고 있으면 제품을 20% 할인해 주는 것이죠. 이것이 NFT 홀더에게 부여되는 가치입니다. 해당 명품에 전혀 관심이 없는 사람에게 20% 할인은 가치일 수 없으므로 그런 사람들은 아예 이 NFT는 쳐다보지도 않을 것입니다. 이런 할인 혜택이 가치로 느껴지는 사람은 원래 그 제품의 애호가일 것입니다. 가령 이 NFT 가격이 200만 원이라면 1년 동안 해당 브랜드 제품을 1,000만 원 이상 구매하는 사람은 200만 원을 아낄 수 있습니다. 이런 사람들에게는 가치가 있는 것이죠.

그렇다면 왜 이 명품업체는 굳이 NFT를 발행할까요? 앞으로 Z세대나 알파세대를 위한 마케팅 차원일까요? 아닙니다. 그것보다 더 중요한 이유가 있습니다. 이런 NFT를 전 세계적으로 10,000개를 만들어 완판하면 해당 업체는 10,000명의 단골 고객이자 브랜드의 진성 팬을 보유하게 됩니다. 당장 NFT를 판매한 대금 200억 원이 중요한 것이 아니라, 한 해 1,000만 원 이상 구매할 사람 10,000명을 확보할 수 있어 더 의미 있죠.

기본적으로 한 해 1,000억 원의 매출은 확보한 것입니다.

그리고 이 전략은 표면적으로는 할인하지 않는다는 기업의 가치관을 지키면서도 은근한 할인을 통해 단골을 확보하는 전략이라 이미지 유지에도 도움이 됩니다. 브랜드 NFT를 가진 홀더라는 외형은 트렌디하면서도 고급스러운 느낌까지 주기 때문이죠. 또한, 단순한 회원제가 아닌, NFT를 통한 권리 거래로 단골을 승계하는 효과도 생깁니다. 한 해 1,000만 원 이상 구매하지 않을 사람들은 NFT를 2차 시장에 내놓게 될 것이고, 이를 구입하는 사람들은 해당 브랜드에서 그 이상으로 상품을 구매할 확률이 높으니까 말이죠.

게다가 업체에서 NFT를 가진 사람들을 위한 갈라 파티, 특별 굿즈 증정 등 특별한 커뮤니티로 대접하게 되면 그런 특별 대우 때문에라도 NFT의 가격이 상승할 가능성이 있습니다. 그래서 이 NFT를 소유한다면 원래부터 사려고 했던 제품의 할인 효과도 누릴 수 있고, 가격이 오르면 시세 차익도 노릴 수 있게 됩니다. 당연히 NFT에 대한 소유욕이 높아질 것입니다.

기업으로서는 안정적인 진성 소비자를 확보하고, 일정하게 승계까지 할 수 있으니 좋고, 소비자로서는 자신의 소비에 따라 할인이라는 직접적인 경제적 이득을 보고, NFT 가치 상승이라는 약간의 기대 이득도 따르니 좋습니다. 그러면 NFT를 비즈니스로 만들 이유가 기업, 소비자 모두에게 충분히 있는 것이죠. 이런 부분이 NFT에 가치를 담아서 비즈니스적으로 적용한다는 하나의 예가 될 수 있겠습니다.

디지털 시대의 NFT의 가치

그런데 이런 현실적인 이유 외에도 미래 비전 차원에서 보면 지금 우리가 NFT에 관심을 두고 비즈니스에 적용하기 위해 여러 방법을 찾아야 할 중요한 이유가 하나 있습니다. 대기업이나 이름 있는 기업이 약간의 매출 상승을 위해 NFT에 관심을 두는 것은 아닙니다.

바로 기업의 미래가 디지털에 있기 때문이죠. 미래의 인류 활동이 비대면으로 전환되는 것은 자명한 사실입니다. 웹 2.0 시대에 SNS로 연결되었던 사람들이 웹 3.0 시대에는 블록체인으로 연결되면서, 디지털상에서 콘텐츠 중심의 활동을 이어 나가게 될 것입니다. 기업 역시 메타버스라는 플랫폼에서 사람을 모으고 경제 활동을 일으켜 수익 활동을 이어 나가게 될 것입니다.

지금 현실의 비즈니스는 한계점에 다다르고 있습니다. 예를 들어 페이스북만 해도 25억 명의 사용자를 끌어모은 상태이기 때문에 더 이상 사용자가 늘어날 여지가 없습니다. 그래서 페이스북은 사명도 메타(Meta)라 바꾸고, 메타버스에 유저를 끌어모아 자사의 비즈니스 활동을 계속 이어 나가려고 하는 것입니다.

메타버스라는 디지털 세계에서 사람들이 활동하는 시대가 오면 디지털 안의 물건이 가치를 가지게 됩니다. 아바타가 입고 있는 옷, 메타버스에서 획득한 땅, 디지털 그림 및 유니크한 영상 등 디지털 자산이 될 만한 것은 많습니다.

이런 디지털의 가치를 담아내기에 NFT는 매우 좋은 도구입니다. NFT는 소유권 증명 문서나 마찬가지니까요. 실물이 존재하지 않는 디지털상의 물건에 대해 실물 역할을 하게 됩니다.

기업이 NFT에 관심을 가지는 진짜 이유

NFT는 외부에 존재하는 가치를 담아내는 그릇이라 했습니다. 우리가 집을 거래할 때, 집 자체를 들고 다니면서 거래하지는 않습니다. 거래에서 주고받는 하는 것은 집문서입니다. 그러나 집문서 그 자체로는 가치가 없습니다. 그냥 종이에 불과한 것이죠. 집은 외부에 있고, 집문서가 그 소유 증명이기 때문에 가치를 가지게 됩니다.

디지털 시대의 NFT는 디지털의 가치를 담아내는 그릇입니다. 그리고, 디지털 시대에는 그 가치라는 것이 반드시 물건에 국한되지만은 않습니다. 과거 나이키 운동화를 사던 사람들은 앞으로 자신의 아바타가 신을 나이키의 디지털 운동화를 살 것입니다. 이 경우는 실물 운동화를 사는 것이 아니라 나이키라는 브랜드가 주는 가치를 사는 것이죠. 현실에서는 운동화를 만드는 기술이 크게 작용해서 운동화의 품질을 기준으로 거래가 성사될 수 있겠지만, 디지털에서는 운동화의 품질이 크게 차이 날 리 없습니다. 그렇다면 디지털에서의 비즈니스는 결국 운동화 디자인이나 브랜드 등에 좌우될 수 있는 것이죠. 디자인이나 마케팅이 중요한 이유가 바로 그것입니다. 특히 디지털에서 물건을 만들고 유통하는 것은 대기업이냐, 개인이냐에 따라 큰 차이를 보이는 것도 아닙니다. 개인이 대기업과 경쟁할 수 있다는 이야기입니다.

그런데 쉽게 만들 수 있다고 해서 쉽게 팔리는 것은 아닙니다. 여러분이 '나이스'라는 디지털 운동화를 만들어 팔려고 해도 구매하는 사람이 없다면 전혀 팔리지 않겠죠? 디지털 시대에는 브랜드에 가치를 담는 것이 훨씬 중요하다는 뜻입니다. 그래서 기업들은 다가올 미래를 위해 NFT로 디지털 굿즈에 대한 경험과 브랜드를 쌓으려고 하는 것입니다.

예를 들어 글로벌 스타벅스는 암호화폐 지갑, 메타버스, NFT 등에 대한 비전을 종종 발표했습니다. 특히 스타벅스 CEO 하워드 슐츠(Howard Schultz)는 NFT/메타버스 벤처 기업을 출범시킬 예정이라고 공표하기도 했습니다. 한국 스타벅스 역시 제페토에서 이벤트를 벌이기도 하고, 지속적으로 NFT나 메타버스에 대해 접근했습니다. 만약 글로벌이나 한국 스타벅스에서 2024년쯤 '메타벅스'나 '스타버스'라는 메타버스가 세워질 계획이라고 발표한다 해도 워낙 그런 접근을 하던 곳이니 소비자 입장에서는 크게 어색하지 않을 것입니다. 그런데 가령 그런 활동이 전혀 없던 기업에서 갑자기 메타버스를 만든다고 발표하면 설득력이 떨어질 수밖에 없습니다. 부족한 설득력으로는 초반기 회원 확보에 어려움을 겪을 수밖에 없고요.

스타벅스 코리아와 제페토의 협업 [03]
자료: 제페토 공식 트위터

이것이 기업들이 지금부터 NFT 발행 등의 활동을 통해 연속성을 확보하려고 하는 이유입니다. 특히 디지털 세계에서는 브랜드의 아이덴티티와 매력도가 중요합니다. 디지털에서 스타벅스 텀블러를 사서 자신의 아바타가 들고 있는 것이 실제 마시려고 하는 것은 아니니까요. 그 브랜드를 소유하고 있는 것 자체가 의미 있고 폼 나야 합니다.

웹 3.0 시대, NFT의 의미는?

또한 다가올 웹 3.0 시대의 콘텐츠는 NFT로 소유 증명이 될 수밖에 없습니다. 왜냐하면 웹 3.0 시대의 기본 기술이 블록체인이기 때문이죠. 중앙에서 모든 플랫폼을 관리하고 개인의 데이터를 독점하여 기업만 돈을 버는 구조가 아니라, 데이터를 개인이 소유하여 그들의 데이터나 콘텐츠로 그들 스스로 돈을 버는 구조를 만드는 것이 블록체인의 의의입니다. 이 경우 디지털 콘텐츠의 NFT화는 반드시 필요합니다. 중앙이 존재하지 않으니, 중앙에 의존하지 않고 자신의 디지털 자산을 증명해야 하기 때문입니다.

예를 들어 음원을 구입한다고 해 볼까요? 지금은 음원을 구입해서 다운로드를 하든가, 아니면 자신이 구매한 플랫폼에 접속해서 '내 음악함'을 열어 스트리밍을 해야 합니다. 스트리밍이 대세가 되면서 플랫폼에서 음악을 듣는 방식이 주를 이루고 있는데, 만약 어느 날 갑자기 이 플랫폼이 사라진다면 어떻게 될까요? 자신이 구매한 음원도 모두 사라지게 됩니다.

블록체인 시대의 NFT는 중앙에서 모든 것을 컨트롤하는 것이 아니라, 블록체인을 통해 탈중앙화한 다음 그 음원에 대한 소유권을 NFT로 증명하여 공급자의 사정과 상관없이 소유자인 내가 언제 어디서든 그것을 컨트롤할 수 있게 만든다는 의미입니다.

앞서 소개했던, 현실의 테마파크와 연계한 메타버스를 구축하려던 대표님은 저와 이야기를 나눈 후 얼굴이 환해지면서 머리가 무척 맑아지는 기분이라고 하셨습니다. 그동안 많은 NFT 관계자 및 전문가와 이야기를 나눠 봤지만 'NFT의 희소성으로 인한 가치' 같은 소리만 해서 공감하지 못하고, 비즈니스 아이디어도 전혀 떠오르지 않아서 무척 답답했다고 합니다. 'NFT는 내재적 가치를 가지지 않고, 외부의 가치를 담는 것이다.'라는 저의 조언에 말끔하게 정리가 되셨다고 합니다. 공감했다는 이야기이기도 하고요. 대표님은 '외부적인 사업 구조를 정리하고, 그것을 NFT로 발행하면 되겠구나.' 하고 깔끔하게 결론을 냈습니다. 그 과정에서 약간의 사업 피보팅(Pivoting)*도 있었고요. 이 장에서는 NFT에 내재적 가치는 없으며, 외부의 가치를 NFT에 담아야 한다는 것을 이야기했습니다. 그러니 비즈니스를 하려면 NFT에 담을 수 있는 가치가 무엇인지 정리하고, 그것을 효과적으로 NFT와 연계하여 설계해야 하겠죠? 앞으로 펼쳐질 내용들을 통해 NFT에 대한 정확하고 객관적인 이해, 비즈니스 사례, 그리고 앞으로의 현실적인 전망 등을 골고루 알아보도록 하겠습니다. 그 과정에서 과연 우리 기업은, 내 직무는, 내 사업은 어떻게 NFT를 비즈니스적으로 도입할 수 있을지 반짝이는 인사이트를 얻길 바랍니다.

---

*피보팅 급속도로 변하는 외부 환경에 따라 기존 사업 아이템을 바탕으로 사업의 방향을 다른 쪽으로 전환하는 것

02

짧지만
결코 짧지 않은
NFT의 궤적

다이내믹한 NFT의 역사

본격적으로 NFT의 비즈니스적 응용에 대해 알아보기 전에, 지금까지의 NFT의 전개 과정을 따라가 보며 어떤 방향으로 발전해 왔는지 알아보겠습니다. 이 과정을 통해 그려지는 NFT의 발전 궤적은 우리가 관심을 두고 있는 NFT 비즈니스의 발전 방향에 강력한 힌트가 될 것입니다. NFT의 역사는 굉장히 짧지만, 마치 10년의 역사를 가진 듯 다이내믹합니다. 꼭 잡고 있지 않으면 빠른 속도감에 중간에 튕겨져 나갈 수도 있으니, 앞에 있는 안전바를 꽉 잡아 주길 바랍니다.

2021년 상반기,
대중이 관심을 가질 만한
'억' 소리나는 소식이 전해지다

한국에서 NFT라는 키워드는 2021년 상반기에 책과 뉴스를 통해 대중에게 알려지기 시작했습니다. 그런데 이 키워드는 대중에게 알려지자마자 바로 공전의 히트를 치게 됩니다. 이렇게 단시간에 뉴스 헤드라인을 장식하고, 유튜브 주제로 오르내리고, 많은 논란거리를 뿌린 기술도 없을 겁니다.

구글 트렌드의 전 세계 검색어 동향을 보면 지난 5년 동안 NFT는 대중에게 거의 알려져 있지 않던 기술이었다는 것을 알 수 있죠. 그런데 2021년 3월에 갑자기 NFT 검색량이 치솟기 시작하더니 2022년 1월에 정점을 찍었습니다.

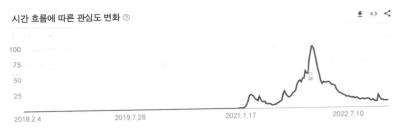

시간 흐름에 따른 관심도 변화 ⑦

100
75
50
25

2018.2.4   2019.7.28   2021.1.17   2022.7.10

최근 5년 동안의 NFT 키워드 구글 트렌드 검색 결과(전 세계 기준) 04)
자료: 구글 트렌드

이 무렵 NFT 검색량이 늘어난 이유는 무엇일까요? 바로 경매 때문입니다. 몇몇 NFT 작품이 경매에 부쳐 판매되었고, 그 어마어마한 낙찰가가 신문에 종종 보도되기 시작했습니다. 3월 초에는 일론 머스크(Elon Musk)의 전 연인이자 캐나다의 싱어송라이터인 그라임스(Grimes)의 『워 님프(War Nymph)』라는 10점의 NFT 컬렉션이 경매에 부쳐져 65억 원에 팔렸다는 소식이 전해졌죠. 꽤 화제가 되었지만 이는 다른 화제에 금방 덮여 버립니다. 며칠 후에 크리스티 경매(Christie's Auctions)에서 디지털 아티스트 비플(Beeple)의 『매일: 첫 5,000일(Everydays: The First 5,000 Days)』 이라는 작품이 6,930만 달러에 거래가 되었는데, 약 800억 원쯤 되는 돈이죠. 이 경매가는 아직도 NFT 거래 사상 최고의 기록이자, 살아 있는 작가의 그림으로는 전 세계 경매가 3위의 대기록입니다. 실물 그림을 모두 포함하여 순위를 따져도 말이죠.

워 님프(War Nymph) 05)
자료: 그라임스 공식 트위터

이 시기 우리나라에서도 마리킴 작가의 『미싱 앤 파운드(Missing and Found)』라는 작품이 288이더리움에 팔립니다. 당시 이더리움 시세와 환율로 계산하면 6억 원 정도였죠. 이런 거래들이 이루어지자 언론에서 NFT를 본격적으로 다루기 시작했습니다.

도지코인

작가들의 그림뿐만 아니라 블로그에 올렸던 개 사진이 짤로 유명해지면서 주인이 그 사진을 NFT 경매에 부친 적도 있습니다. 얼마에 팔렸을까요? 무려 45억 원 정도에 팔렸는데요. 도지코인의 모델이기도 한 시바견 카보수가 그 주인공이었습니다. 이 사진은 일반인 사토 아츠코가 자신이 키우는 개의 사진을 개인 블로그에 올렸다가 사람들이 SNS에서 공유하기 시작하면서 갑자기 유명해진 케이스입니다. 이런 형태는 사실 행운에 가깝죠. 전문 작가가 아니어도 NFT를 통해 큰돈을 벌 수 있다는 얘기가 됩니다.

해프닝 같은 경매도 있었습니다. 방구 소리를 녹음해서 팔았는데, 그것이 90만 원에 팔렸다는 이야기가 대표적입니다. 하지만 그런 일이 두 번 일어나기는 쉽지 않죠. 첫 번째는 첫 번째라서 의미 있기 때문에 그 다음부터는 그야말로 의미를 부여할 구석이 전혀 없습니다. 그런데 카보수의 사진이나 여러 다양한 경매의 결과는 대중에게 뭐든지 NFT화하면 돈을 벌 수 있다는 조금 그릇된 희망을 심어주게 되었습니다. 이것이 2021년 상반기에 사람들의 관심이 NFT에 급격하게 쏠린 이유입니다.

사실 이때만 해도 NFT는 비즈니스보다는 특이한 이벤트나 새로 생긴 아트의 한 장르 정도로 받아들여졌습니다. 그래서 NFT 아트 위주로 매매가 일어나고 경매가 성립되었습니다.

NFT아트에서 PFP로 대세가 바뀌게 된 이유

2021년 5월 BAYC라는 PFP가 처음 론칭됩니다. PFP는 Profile Picture의 약자입니다. 트위터나 인스타 프로필 사진에 주로 쓰이는 이미지라서 PFP라고 부릅니다. PFP는 10,000개 정도의 한정된 이미지를 만들어 내는데, 기본이 되는 베이스가 있고 조금씩 다른 요소를 첨가하여 10,000개의 그림을 전부 다르게 제작합니다. 원숭이 그림이 기본이라면 그 원숭이에게 모자를 씌우고, 파이프를 물리고, 안대를 씌우기도 해서 10,000개의 그림을 각기 다른 캐릭터로 발행하는 것입니다. 그렇다고 그 그림을 다 손으로 그리는 것은 아니고, 프로그램을 통해 제너레이티브 아트(Generative Art)* 방식으로 10,000개의 그림을 만들어 냅니다.

PFP로 가장 대표적인 것이 BAYC입니다. BAYC가 가장 처음 나온 PFP는 아니지만, 최초 PFP인 『크립토펑크(Cryptopunks)』를 제외하고 가장 성공한 PFP라 할 수 있죠.

BAYC 공식 웹사이트 06)
벼락부자 원숭이들의 클럽 치고
상당히 소박해 보인다.
자료: BAYC 공식 웹사이트 캡처

---

*제너레이티브 아트 컴퓨터의 알고리즘을 바탕으로 자체적으로 생성되는 예술

BAYC는 Bored Ape Yacht Club의 약자로, 그대로 해석하자면 '지루한 원숭이 클럽'이죠. 이 원숭이들은 암호화폐로 큰 돈을 벌어 거의 은퇴한 것이나 마찬가지이기 때문에 인생이 무척 지루한 상태입니다. 그래서 그런 원숭이들끼리 요트 클럽에 모여서 노는 것이죠. BAYC는 바로 그런 설정 하에서 나온 네이밍입니다.

NFT 아트와 PFP가 가장 다른 점은 서로 조금씩 다른 그림이 10,000개나 발행된다는 것입니다. 10,000개가 동시에 팔리다 보니 시세라는 것을 형성하게 됩니다.

NFT 아트는 하나 밖에 없기 때문에 누군가는 그 그림을 10억 원이라 평가할 수도 있지만, 누군가는 10,000원도 아깝다고 생각할 수 있습니다. 사실 10억 원을 주고 그림을 산 사람은 11억 원이라 평가하는 사람이 단 한 명만 있어도 됩니다. 하지만 돈을 주고 사겠다는 사람이 단 한 명도 없다면 그림의 가치는 10억 원이 아니라 0원이 됩니다.

그런데 PFP는 10,000개가 발행되고, 보통 NFT 아트보다 단가가 낮아 접근성이 좋죠. 그렇기 때문에 어느 정도 거래가 일어나며 시세라는 것을 형성할 수 있게 됩니다. PFP에서는 중요한 지표는 바닥가(Floor Price)입니다. 같은 종류의 PFP 중 가장 낮은 가격을 말하는 것인데, 말하자면 '못해도 이 정도 가격은 받는다.'는 의미입니다.

NFT 아트와 PFP의 차이를 쉽게 이해하기 위해서 비유하자면 NFT 아트는 단독 주택이고, PFP는 아파트라 생각하면 됩니다. 단독 주택보다 아파트의 거래가 활발한 이유는 시세가 있고, 환금성이 좋고, 표준화되어 있어서 여러모로 편리하다는 것 때문이죠. 그것과 거의 비슷합니다. 그래서 2021년 하반기에는 비즈니스로 일어나는 거래들이 PFP로 집중되었습니다.

NFT 아트가 화제가 되니 이때 관심을 가지고 시장에 뛰어든 사람들이 많이 생겼지만, 이내 일반인들은 하반기에 NFT 아트에서 PFP로 관심을 옮깁니다. 전문가가 아니면 NFT 아트 시장에서 살아남기 힘들다고 판단한 것이죠. 그래서 NFT 아트는 미술 시장이 그렇듯 점점 전문가만의 리그가 되어가고 있습니다. 물론 NFT 아트가 없을 때보다는 미술 시장이 조금 더 다양해지고 볼륨도 커졌지만, 대중의 전폭적인 관심을 끌고 수많은 투자자를 끌어들일 정도는 아니게 되었죠. 그렇게 되자 NFT 아트에 대한 과감한 투자는 점점 사라지게 되어 '억' 소리나는 경매를 보기가 점점 어려워지고 있습니다.

한국에서의 NFT 러시

그렇다면 한국에서의 NFT 키워드의 동향은 어떨까요?

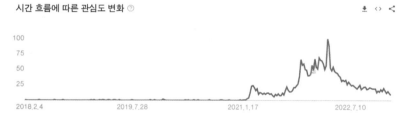

최근 5년 동안의 NFT 키워드 구글 트렌드 검색 결과(대한민국 기준) [07]
자료: 구글 트렌드

재미있는 점은 2021년 11월 한국에서 대대적인 NFT 러시가 일어났다는 점입니다. 이 시기의 검색 결과는 전 세계 검색 결과와 비교해도 분명한 차이가 있습니다. 한국에서는 2021년 11월에 검색량이 치솟고 있습니다. 당시 한국에서 NFT 검색량이 다시 늘어난 이유는 회사들의 주주총회 시즌과 관계가 있습니다.

P2E 게임은 Play to Earn의 약자로, 플레이를 하면서 돈을 버는 게임을 말합니다. 기존의 게임 구조는 P2W, 즉 Pay to Win으로 아이템이나 캐릭터 강화에 돈을 써야 승리를 쟁취할 수 있다는 방식이었습니다. 그런데 NFT를 이용해 게임을 하면서 돈을 번다는 '엑시 인피니티(Axie Infinity)'와 같은 게임이 나오니 대중의 관심이 몰릴 수밖에 없었습니다. 때마침 게임 사들은 성장의 한계에 부딪힌 시점이라 너도나도 P2E 게임 개발을 선언하죠. 주주총회를 통해 일제히 차기년도 사업에 대해 발표할 때 말이죠. 그때가 바로 11월입니다. 당시 상장되어 있는 웬만한 게임 사들은 내년도 사업으로 NFT를 활용한 P2E 게임에 대해서 말하기 시작했습니다.

그리고 BTS가 소속되어 있는 HYBE(하이브) 등의 엔터테인먼트 회사나, 네이버 웹툰 등과 같이 IP를 보유하고 있는 회사 역시 주주총회 시즌에 NFT를 활용한 사업을 하겠다고 발표합니다. 언론에서도 NFT와 관련된 기업들의 M&A나 MOU 소식을 훨씬 크게 다루다 보니 한국 대중은 2021년 상반기보다 하반기에 NFT라는 단어의 러시를 훨씬 심하게 느끼게 된 것입니다. 하지만 어떤 실체가 있거나 실질적으로 비즈니스의 활용도가 높아져서 그런 것이 아니라, 게임 사나 엔터테인먼트 사의 주주총회 계획 발표 때문이어서 실체적인 움직임이라고 하기에는 무리가 있었습니다.

그런데 2021년 11월 기업들의 계획 발표는 매우 중요합니다. 계획 발표의 대부분은 앞으로 P2E 게임을 개발하고, NFT 거래를 도입하겠다는 이야기였는데, 완성 연도로 예정된 시점이 보통 2024년에서 2025년 사이입니다. 2021년 하반기부터 개발을 시작한 P2E 게임과 NFT 거래 시스템의 경우 2023~2024년에 알파테스트와 베타테스트를 거치고, 2024~2025년에 본격적으로 플랫폼을 오픈할 수 있습니다. 그러니 NFT 비즈니스 관점에서 보자면 이 시기가 진짜 원년이 되는 시기라고 할 수 있습니다.

수많은 플랫폼이 생겨나면서 본격적인 경쟁을 하게 될 테니까요.

커뮤니티형 PFP에서 기업형 PFP로

NFT에 비즈니스 개념이 들어가기 시작한 것은 2022년부터입니다. 그런데 비즈니스 개념이 서서히 장착된 것이 아니라 매우 급격하게 접목되기 시작합니다. 10,000개의 PFP를 만드는 제너레이티브 아트는 약간의 디자인 수정만 가능하다면 프로그램을 사용하여 누구나 쉽게 만들 수 있습니다. 실제로 유튜브에 '제너레이티브 아트 만들기'를 검색하면 '누구나', '쉽게', '코딩 없이', '20분 안에'라는 수식어가 붙은 동영상을 많이 보실 수 있습니다. 실제로 만들어 보면 20분이 아니라 20일은 걸릴 것 같긴 합니다만, 중요한 것은 10,000개 정도의 그림은 개발자가 아니어도 비교적 쉽게 생성할 수 있다는 것이죠. 그래서 PFP를 하겠다는 사람들이 급격히 증가했고, 실제로 개인이나 친구 몇 명이 모여서 하는 프로젝트가 수없이 진행되기 시작합니다. 잘되면 좋고, 안 되어도 큰 손해가 없으니까 그냥 한번 해 보는 거죠. 그러다 보니 사용자의 증가 속도보다 공급자의 증가 속도가 더 빠른 상황이 벌어지기 시작합니다.

유튜브에서 '제너레이티브 아트 만들기'로 검색하면 나오는 영상 [08]
제목들을 보면 누구나 쉽게 만들 수 있다는 것을 강조하고 있다.

자료: Youtube 내 '제너레이티브 아트 만들기' 검색 화면 캡처

점점 만드는 것보다 파는 것이 핵심인 시장으로 넘어가게 되는 것이죠. 누구나 PFP를 만들 수 있지만, 누구나 팔리는 PFP를 만들 수 있는 것은 아니란 의미입니다. 처음에는 팔리는 PFP의 핵심 요소로 커뮤니티를 많이 꼽았습니다. 사실 BAYC도 NFT에 대해 전혀 모르던 네 명의 친구들이 공부하면서 만든 프로젝트여서 성공의 롤 모델 자체가 기업보다는 동아리에 가까웠습니다. 이들이 성공할 수 있었던 가장 중요한 요소는 커뮤니티였거든요.

PFP NFT를 가진 사람들을 홀더(Holder)라고 하는데, 해당 NFT 홀더가 트위터나 디스코드(Discord)* 등과 같은 SNS에 모여 커뮤니티를 형성합니다. 이들은 자신이 가지고 있는 NFT의 가치가 올랐으면 좋겠다는 공동의 목표를 가지고 강한 유대감으로 뭉칩니다. 그래서 진심을 다해 해당 NFT를 홍보하고, 스스로 2차 창작물을 만들어 같은 홀더에게 나눠 주기도 합니다. 홀더를 위한 파티도 개최하며 '우리'라는 느낌을 강하게 만들어 갑니다. 이렇듯 커뮤니티 성격이 강한 NFT가 가격 방어도 성공하다 보니, 'NFT가 성공하려면 커뮤니티가 제일 중요하다.'는 말이 성립되었습니다. BAYC도 처음에는 홀더를 위한 요트 파티 등을 개최하며 주목도를 높였습니다.

---

*디스코드 게이밍에 특화된 음성 채팅 프로그램

하지만 이후의 BAYC는 커뮤니티보다 자체적으로 발행한 암호화폐 에이프코인(APECoin)과의 연결성, 아더사이드(Otherside)라는 메타버스로의 진출 계획 등 BAYC 유니버스의 확장으로 인해 가치가 추동되었습니다. BAYC를 가지고 있으면 사용처가 늘어나고, 그로 인해 더 많은 돈을 벌 수 있을 것이라는 기대가 BAYC의 가치를 지키게 된 것이죠. 즉, 'NFT의 사용성이 늘어났다.'고 표현할 수 있습니다.

NFT에 있어 커뮤니티는 여전히 중요한 요소지만, 이제는 기업의 확실한 비전과 계획이 NFT의 가치를 높이는 가장 중요한 요소로 작용하고 있습니다. 그래서 지금의 NFT는 기업적 PFP가 주를 이룬다고 볼 수 있습니다. 불과 1년 사이에 이런 변화가 일어난 것입니다.

크립토 겨울과 유틸리티 NFT

루나 사태는 메타버스, NFT, 암호화폐에 관심이 없는 사람이라도 들어본 적이 있는, 사회적으로 크나큰 이슈가 된 사건이었습니다. 스테이블 코인(Stable Coin)*인 '테라'의 가치를 지키기 위해 만들어진 암호화폐가 '루나'입니다. 기본적으로 1루나는 1테라와 같다고 설정되었습니다. 테라 코인은 1개당 1달러로 가격을 고정시키는 스테이블 코인인데, 테라의 가격이 오르면 루나를 가진 사람들이 루나를 테라로 교환해서 돈을 벌 수 있습니다. 그렇게 되면 테라의 공급량이 늘어나면서 테라가 다시 1달러의 가격으로 돌아가게 됩니다. 반대로 테라의 가격이 떨어지면 사람들이 루나를 사게 되는 것이죠. 그러면 다시 테라를 루나로 바꾸려는 사람들이 많아지

---

*스테이블 코인 가격 변동성을 최소화하도록 설계된 암호화폐로, 가치가 미국 달러나 유로 등 법정 화폐와 1 대 1로 고정되어 있음

면서 테라 유동량이 줄어들게 되고, 가격은 다시 안정을 찾게 됩니다. 물론 프로토콜이 잘 작동할 때 이 과정이 성립되는데, 사실 이 프로토콜의 기반은 신뢰입니다. 그런데 어느 순간 테라 가격이 떨어지고, 루나 매도로도 회복이 안 되니 루나도, 테라도 동시에 가격이 떨어지는 죽음의 소용돌이가 일어난 것입니다. 99% 손실까지 났죠. 말이 99%지, 100만 원을 투자한 사람이 수중에 만원이 남았다는 말이니까 그야말로 '폭망'이라는 표현을 쓸 수 있는 지경이었습니다.

이 루나 사태에 더하여 글로벌 경기 침체, 그리고 그에 따른 미국의 금리 인상 등으로 거시 경제 지표가 하락하면서 암호화폐 가치가 전반적으로 하락하는 '크립토 겨울'을 맞게 됩니다. NFT 역시 가치가 하락하면서 함께 겨울을 맞게 되었습니다. 이제 NFT는 눈에 보이는 현실적인 혜택이 없는 한 투자자나 수집가의 흥미를 이끌어 낼 수 없게 되었습니다. 그런데, 이렇게 되니 반대로 NFT는 단순한 투자 개념의 수집품을 넘어 비즈니스와 본격적으로 연동됩니다. 현실적인 가치를 추동해야 하기 때문이죠.

오프라인에서의 사용성이 어느 정도 확보된 NFT를 유틸리티 NFT (Utility NFT)라 부릅니다. 가지고 있으면 입장권이 되거나, 할인이 되거나, 아니면 상품의 교환권이 되기도 하죠. 아무래도 이런 가치는 개인이 제공해 줄 수 없다 보니 NFT 프로젝트가 점점 기업형으로 바뀌어 가고 있습니다. 이제는 NFT가 수집가의 매니악한 시장이 아니라 기업의 비즈니스 시장으로 확장되고 있는 것입니다. 마케팅과 연결되기도 하고, 보증서의 개념으로 쓰이기도 하고, 회원권이 되기도 합니다.

기업들은 왜 NFT에 관심을 가지고
접근하고 있는 것일까?

기업들은 NFT의 가치를 미래 관점에서 보고 있습니다. 앞으로의 세계는 메타버스로 연결되고, 비즈니스를 펼쳐갈 필드는 Web 3.0 시대가 될 것이라는 것은 매우 보편적인 이야기가 되었습니다. 이 말은 곧 앞으로의 세계는 거대 플랫폼 기반이 아니라 메타버스 안에서 사용성 있는 디지털 콘텐츠가 중심이 될 것이라는 뜻입니다. 그런 까닭으로 디지털 콘텐츠의 저작권자를 정확하게 밝힘으로써 콘텐츠의 수입을 담보하는 NFT 기술은 미래 세계의 핵심 기술 중 하나가 된다는 것이죠. 그래서 기업들은 메타버스나 NFT에 대한 경험을 지금부터 쌓아가며 다가올 미래에 대한 대비하고 있는 것입니다. 기업들은 자사의 비즈니스에 NFT를 적용하기 위해 어떻게 해야 하는지 연구와 적용, 실험 등을 시작하고 있습니다. 우선적으로 마케팅에 적용하고 있지만, 점점 마케팅을 넘어 수익화 모델, 기업 디지털 트랜스포메이션의 핵심 기술로 확장될 것입니다.

지금은 NFT 비즈니스가 현실과 연계되는 사용성을 가치를 삼고 있지만, 훗날 디지털 세계에서 주로 생활하는 시대가 오면 NFT는 디지털 세계의 사용성만으로도 충분한 가치를 가지게 될 것입니다.

　2021년 상반기 NFT 아트나 사진 경매 등을 통해 NFT가 대중에게 알려졌고, 2021년 하반기 PFP 등으로 대중은 조금 더 안전한 투자처를 찾게 되었습니다. 이러한 경향은 2022년 상반기까지 계속되었지만 이때 대중의 관심은 이미 단순한 그림보다는 실제 생활에 유용성을 주거나 장기적인 디지털 활용 방안이 확실한 NFT 쪽으로 기울게 됩니다. 그러다 2022년 5월 루나 사태가 일어나며, NFT는 비즈니스와 연결되지 않으면 전혀 거래가 일어나지 않는 시장으로 바뀌게 됩니다. 다시 말해 루나 사태는 NFT에 꼈던 투자 거품을 제거하고, NFT가 본격적인 비즈니스 시장과 연결되는 계기가 되었습니다.

　앞으로 NFT 비즈니스를 성공적으로 이끌어 가기 위해서는 현실적인 가치 추동과 미래 비전이 공존하도록 설계해야 합니다. 현실적인 가치 추동만 가지면 비즈니스로 접근하기에 너무 근시안적이고, 미래 비전만 제시하면 지나치게 뜬구름 잡는 이야기가 되기 때문이죠.

　이런 과정을 거쳐 NFT는 본격적인 비즈니스로서 우리 앞에 서게 되었습니다. 다시 말해 비즈니스로서의 NFT는 이제 시작 단계라고 할 수 있죠. 콘텐츠 중심의 미래 세상에서 콘텐츠를 증명하는 역할의 NFT는 중요한 열쇠가 될 것입니다. 그런 관점에서 봤을 때, 비즈니스로서 NFT의 가능성은 무궁무진하다고 할 수 있습니다.

03

NFT의 기술적 이해와 그에 따른

NFT 비즈니스의
핵심

채굴의 진정한 의미

NFT는 Non-Fungible Token의 줄임 말로, '대체 불가능한 토큰'을 의미합니다. 디지털 파일이나 코드 등에 토큰을 붙여 유일무이한 것으로 만들어 주고, 그것에 자산 가치를 부여하는 기술입니다. 흔히 '대체 불가능'이라고 하니까 NFT에 엄청난 보안 기술이 적용된다고 생각하는데, 사실 토큰 자체에 엄청난 기술이 적용되는 것은 아닙니다.

디지털 파일에 토큰을 붙여 기록한 것을 블록체인상에 올리기 때문에 대체 불가능하게 된 것이죠. 다시 말해 NFT로 어떤 디지털 그림을 샀다고 하면 그 그림을 구입한 사람의 이름이 주인으로 기록되는데, 그것을 블록체인상에 기록해서 영원히 박제시키는 것이죠. 그러면 위조도, 변조도 불가능합니다.

NFT가 '클레이튼 체인이다.', '이더리움 체인이다.' 라는 말을 들어 본 분들이 있을 텐데요. 블록체인은 개인 간의 거래에 대해 해당 체인 생태계에 참여하는 사람들이 보증해 주고, 계약이 있을 때마다 그에 대한 대가를 받는 것입니다. 공증(公證)이라는 말은 원래 특정한 사실이나 법률관계의 내용 등을 공적으로 증명하는 행위를 뜻하는 말인데, NFT는 그런 사실을 '공중(公衆)', 즉 대중이 참여하여 증명하는 행위로 하는 것이죠. 이것이야말로 진정한 의미의 공증입니다.

그런데 자신의 컴퓨터를 제공해 어떤 사실을 기록해 주고, 아무런 대가도 받지 못한 채 계속 시간과 노력만 들인다면 어떨까요? 이 생태계에 사람들이 지속적으로 참여할 리 없습니다. 그래서 이 생태계에 참여하는 사람들에게 보상을 주게 됩니다. 계약이 있거나 NFT에 누군가의 이름을 기록할 때, 그 사실을 기록해 주는 체인 생태계에 참여한 다수의 공증인에게 약간의 대가를 주는 것이죠. 그 대가가 바로 암호화폐입니다.

예를 들어 제가 A라는 디지털 파일의 주인이라서, 그 파일에 '시한'이라고 토큰을 붙여 공증하고 싶다고 해 봅시다. 그러면 디지털 파일에 '시한'이라는 이름표를 붙이고, 블록체인 참여자들에게 그 사실을 기록해 달라고 요청합니다. 그것을 민팅(Minting)이라고 합니다. 즉, NFT를 만드는 행위를 '민팅'이라고 하는 것이죠. 그런데 사람들이 공짜로 기록해 주지는 않습니다. 이때 소정의 사례비를 받는데, 그것을 '가스비'라고 합니다. 민팅에 참여한 사람들에게 나눠주는 수고비가 바로 가스비인 것이죠. 만약 블록체인이 이더리움 체인이었다면, 그 가스비는 이더리움으로 지불하게 됩니다.

바로 이것이 '이더리움 체인에서 채굴한다.'라는 말이 의미하는 과정입니다. '채굴을 통해서 암호화폐를 번다.'라는 말은 사실 다른 사람의 계약에 공증해 줬다는 것을 뜻합니다.

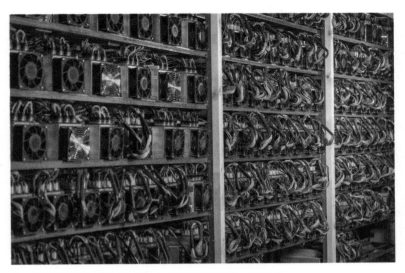

암호화폐 채굴을 위해 공장형으로 가동하고 있는 채굴기

NFT에 이더리움 체인을 많이 쓰는 이유

암호화폐를 잘 모르는 사람이라도 비트코인과 이더리움은 한 번쯤 들어 봤을 겁니다. 사실 이 두 암호화폐는 매우 큰 차이가 있습니다. 비트코인은 처음 개발된 암호화폐로, 가치 저장에 대한 기능만 있는데 반해, 이더리움은 스마트 계약(Smart Contract) 기능을 활용하여 프로그램 개발 플랫폼 역할까지 합니다. 다시 말해 비트코인은 화폐이고, 이더리움은 문서라고 할 수 있습니다. 문서라는 의미는 여기에 어떤 계약 내용 담느냐에 따라 화폐 기능도 하고, 증서나 투표 기능도 가지게 된다는 것이죠. 이더리움은 블록체인을 기반으로 거래, 결제, 계약서, SNS, 이메일, 전자 투표 등 다양한 용도를 제공할 수 있습니다. 스마트폰에서 동작하는 프로그램을 보통 앱(App)이라고 부르는데, 이는 Application의 앞 세 글자를 따서 부르는 것입니다. 블록체인을 기반으로 동작하는 프로그램은 디앱 혹은 댑(DApp)이라 부르는데, 탈중앙화된 애플리케이션(Decentralized Application)을 줄여서 부르는 것이죠.

이더리움이 가진 스마트 계약 기능이라는 차별화된 특성 때문에 초기 NFT는 이더리움 체인을 기반으로 설계가 되었습니다. 이후 플랫폼 역할을 하는 암호화폐 체인이 여러 가지 개발되었지만, 초창기에 이더리움 체인을 사용한 영향인지 아직도 글로벌 NFT 프로젝트에서는 이더리움 체인을 많이 사용합니다.

NFT가 이더리움 체인을 사용할 때 생기는 문제점과 해결 방안

그런데 NFT에 이더리움 체인을 적용할 때 문제가 하나 있습니다. 사실 문제가 하나만 있는 것은 아니지만, 유저 입장에서는 이 문제가 워낙 두드러진다는 것이죠.

'크립토펑크(Cryptopunks)'라는 NFT 컬렉션은 초창기 NFT 프로젝트였기에 지금은 엄청난 가격으로 거래되고 있습니다. 반면, 두 번째 NFT 프로젝트인 '크립토키티(CryptoKitties)'는 성공하지 못한 프로젝트로 기억이 됩니다. 물론 워낙 역사적 의의가 있긴 하지만, 두 번째 NFT 프로젝트이자 첫 번째 NFT 게임이라는 의미에 비해 가치가 그만큼 따라주지는 않는다는 것이죠.

크립토키티는 수집한 두 마리의 고양이를 교배하여 새로 태어나는 고양이를 사고팔 수 있는 수집 게임입니다. 여기에 블록체인의 DApp을 적용해 NFT화했고, 게임에서 새로 태어나는 고양이는 기존의 고양이와 달리 각각의 특성이 달라지도록 했습니다. 다시 말해 유일무이한 고양이들인 것이죠. 특성의 희귀 정도에 따라 가치가 다르지만, 한때는 이런 고양이 한 마리가 11만 8,000달러에 거래되기도 했습니다. 그런데 문제는 고양이가 새로 태어나거나, 매매되어 손 바뀜이 일어날 때 발생합니다. 게임이 NFT화되어 있다 보니 모든 동작을 블록체인에 기록하게 되고, 기록 과정에서 가스비는 계속 빠져나가게 됩니다. 그러니까 게임 안에서 뭐만 하면 돈이 나가게 된 것이죠.

이 게임이 처음 만들어질 때는 이더리움 체인이 그렇게까지 널리 쓰인 것이 아니어서 수수료가 그리 큰돈이 아니었습니다. 따라서 큰 문제가 아니었죠. 그런데 NFT 거래가 점점 활성화되니 이더리움 체인에 계약이 많이 몰리게 된 것입니다. 예를 들어 1건의 계약을 10만 명이 기록해 준다고 하면, 10건의 계약은 100만 명이 필요합니다. 만약 1,000건의 계약이 한꺼번에 몰린다 하더라도 체인 참여자가 여전히 100만 명 밖에 없다면 순차적으로 할 수밖에 없겠죠? 그러니 계약이 일어났다 해도 그것을 NFT화하여 실제로 성사시키는 데까지 시간이 걸리기 시작합니다. 늦어지는 것이죠. 그러면 거래하는 입장에서는 먼저 처리해 달라고 수수료를 올리게 됩니다. 그래야 거래가 되니까요.

기록자 입장에서는 당연히 수수료가 높은 계약을 먼저 처리하게 됩니다. 이 수수료는 가변적이기 때문에 유난히 거래가 몰릴 때는 NFT 수수료가 10만 원 이상으로 올라갈 때도 종종 있습니다. 초창기에는 NFT 수수료가 매우 저렴했는데, 이더리움을 기반으로 하는 NFT가 점점 많아지면서 부담스러울 정도로 비싸지기 시작한 것이죠.

이런 사정으로 크립토키티에서 무슨 동작을 할 때마다 수수료가 뭉텅뭉텅 들어가게 된 겁니다. NFT 유저들은 이것을 '이더가 녹는다.'라고 표현하죠. 이렇게 시간 지연과 그에 따른 수수료 상승의 문제로 인해 이더리움 체인을 활용한 NFT 거래나 NFT 게임은 문제에 봉착합니다. 크립토키티도 바로 이런 문제로 인해 초창기 유명 프로젝트임에도 불구하고 활성화에 실패합니다.

이런 문제를 해결한 것이 바로 사이드체인(Sidechain)입니다. 이더리움 체인을 그대로 이용하면 계속 문제가 발생하니, 자신들의 게임이나 거래를 전용으로 처리하는 사이드체인을 개발해서 옆에 걸어 준 것이죠. 사이드체인은 기존에 있던 블록체인에서 새로운 그룹을 형성하여 새로운 서비스를 제공하는 체인입니다. NFT 게임으로서 이례적인 성장세를 보였던 엑시 인피니티도 원래 이더리움 체인을 그대로 썼을 때는 크게 호응이 없었는데, 사이드체인인 로닌(Ronin)을 개발 및 적용하고, 가스비를 크게 내리자 유저들이 본격적으로 활동하기 시작했습니다.

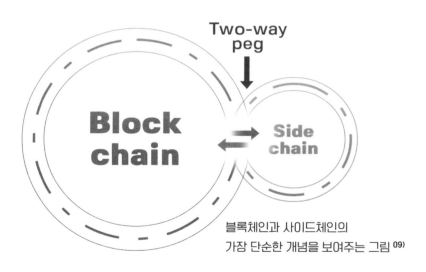

블록체인과 사이드체인의
가장 단순한 개념을 보여주는 그림 [09]

046

NFT의 너무나 쉬운 기술적 이해

지금까지의 논의로만 보아도 NFT는 기술적으로 전혀 색다르거나 이해하기 어려운 것이 아닙니다. NFT는 블록체인의 발전 방향에 따라 같이 흘러가는 것입니다. 그런데 최근 기술 동향을 보면 NFT의 적용 범위가 늘어나고, 가능성이 확대되면서 블록체인의 기술도 필요에 따라 바뀌고 개발되고 있습니다.

NFT는 디지털 코드나 파일을 유일무이한 것으로 바꿔주는 기술이고, 주인이 있음을 증명하는 기술입니다. 원래 디지털 파일은 무한대로 복제할 수 있기 때문에 소유의 가치가 크지 않았습니다. 예를 들어 모나리자 그림은 세상에 하나밖에 없어서 가치가 크지만, 모나리자의 그림 파일은 얼마든지 복제할 수 있으니 파일의 소유 가치는 없는 것이죠. 그래서 예전에 필름으로 사진을 찍어 작품을 파는 경우에는 10개 한정, 7개 한정으로 일정 수량만 인화해서 작품으로 만들고, 이후 필름을 폐기하는 형태로 희소성을 보장하기도 했습니다.

그런데 NFT는 복제 가능한 디지털 파일에 이름표를 달아서 희소하게 만듭니다. 누군가 그 파일을 사고자 한다면, 그리고 그러한 수요가 일정하게 유지된다면 그것은 '자산'으로서 역할하게 됩니다. 그러니까 NFT는 무가치했던 디지털 파일을 자산으로 만들어 주는 기술인 것이죠. 그래서 NFT라는 말 자체가 두 가지 의미로 사용하게 됩니다. 원래의 기술적인 의미만 생각하면 대체 불가능 토큰을 붙이는 기술을 말하지만, 지금은 디지털 가상 자산이라는 의미로 사용하는 경우가 많죠. 예를 들어 '나 NFT 투자 좀 해 보려고.'라며 누군가 말했다면 NFT 기술에 투자한다는 의미가 아닌 것이죠. 디지털로 만들어진 가상 자산에 투자를 하겠다는 의미가 됩니다.

NFT의 기술적 이해는 이것이 전부입니다. NFT 이야기가 나올 때 이해하기 어려운 부분이 있었다면 NFT 자체 기술이기보다는 블록체인에 대한 기술일 것입니다. 어떻게 보면 NFT는 블록체인을 이용한 파생 기술이라 할 수 있습니다. 블록체인으로 할 수 있는 여러 가지 중에 하나가 NFT를 만드는 것이니까 말이죠. 그런 면에서 NFT는 기술 그 자체보다 블록체인 기술을 활용하여 비즈니스를 만드는 도구라 보는 것이 조금 더 맞는 시각일 수 있습니다. 비즈니스에 블록체인 기술을 적용한다고 하면 대중 입장에서 이해가 잘 안 가고 어려움을 느낄 수 있지만, 비즈니스에 NFT를 적용하여 설계한다고 하면 그나마 인지의 영역에 들어옵니다.

비즈니스로서 NFT 기술의 핵심

비즈니스로서 NFT 기술의 핵심은 디지털 가상 자산의 원본 증명에 있습니다. SNS나 포털에 업로드되어 있는 텍스트나 사진을 보면 원본이 아니라 누군가 창작한 것을 가져온 경우가 상당히 많습니다. 그런 텍스트나 사진에는 저작권이 없는 것일까요? 그렇지는 않을 겁니다. 하지만 SNS에 사진을 올리면서 저작권을 등록하고, 이것을 누군가 가져가서 사용할 때 쓰임에 따라 돈을 받아야 된다고 생각하지는 않습니다. 그 과정이 어려우니까요. 하지만 만약 그런 과정이 매우 쉽다면 어떨까요? 자신이 찍은 사진을 올릴 때 '이것을 NFT화할까요?'라는 버튼이 있어서 그것을 누르는 것만으로 저작권 증명이 확실하게 된다면, 그래서 자신의 창작물이 사용될 때 조금이라도 수익이 생긴다면 그것을 하지 않을 이유가 있을까요?

코로나 사태 이전부터 인류의 생활은 디지털화되어 가고 있었습니다. 그런데 코로나 사태로 디지털화는 가속되었죠. 기술은 이미 발달되어 있었지만 생활 습관의 정착은 코로나로 인해 이루어졌습니다. 예를 들어 줌(ZOOM)으로 회의할 수 있는 기술은 그전부터 있었지만 일반화되지는 않았습니다. 그런데 이제는 '줌에서 만나.'라는 말을 자연스럽게 쓸 수 있을 만큼 회의의 한 형태로 인식하게 되었습니다.

비대면의 일상화는 쇼핑, 회의, 교육 등에서 두드러지게 나타났습니다. 그리고 지금은 재택근무라는 완전히 새로운 단계의 비대면으로 넘어가는 시작점이기도 합니다. 근태 관리가 안 된다는 면에서 기업 입장에서 아직까지 회의적이지만, 성과 관리가 제대로 이루어져 일반화된다면 재택근무는 뉴 노멀(New Normal)이 될 수밖에 없습니다. 일단 재택근무 툴은 이미 많이 발달한 상태입니다. 코로나로 인해 툴에 대한 경험과 사회적 인정도 누적된 상태이기도 하죠. 그리고 무엇보다 새로운 세대의 직원들이 재택근무를 선호합니다.

예를 들어 네이버 같은 경우 판교에 로봇 친화형 빌딩인 '네이버 1784'라는 제2사옥을 지어 코로나 이후 직원들의 출근에 대비했습니다. 그러나 막상 포스트 코로나 시기가 되자 직원들이 주 5일제 출근에 거부감을 드러냈습니다. 네이버는 전 직원을 대상으로 설문 조사를 했는데, 그 결과 52.2%의 직원들이 사무실과 재택을 적절하게 섞는 혼합식 근무를 원했고, 41.7%는 주 5일 재택근무를 원했습니다. 주 5일 사무실 출근을 선호한 비율은 2.1%에 불과했습니다.

결국 네이버는 직원들의 선호를 반영해 전면 재택근무 체재로 돌아섰습니다. 현재 네이버는 주 5일 내내 전면 재택근무(R 타입)를 하거나 주 3일 이상 회사로 출근(O 타입)을 하는 2가지 근무 형태 중 하나를 고를 수 있는 '커넥티드 워크(Connected Work)' 제도를 시행하고 있습니다. R 타입을 선택한 직원은 약 55%, O 타입을 선택한 직원은 약 45%입니다. 네이버가 이렇게 하는 이유는 재택근무를 하지 않으면 퇴사도 불사하겠다는 직원들의 의지를 접했기 때문입니다. 같은 연봉이라면 직원들은 아무래도 재택근무를 선호하니까요. 사실 연봉이 조금 적더라도 재택근무를 더 선호하는 경향이 있습니다.

네이버나 카카오처럼 재택근무를 전면적으로 시행하는 기업이 조금씩 생기게 되면 인재의 블랙홀 현상이 발생합니다. 업계에서 10%만 재택근무를 시행하더라도 그 기업들에 인재 쏠림 현상이 일어날 수밖에 없다는 것이죠. 그렇게 되면 인재 확보 면에서 다른 기업 역시 재택근무를 따라갈 수밖에 없게 될 것입니다.

코로나를 계기로 인류 생활 터전으로서의 디지털 지구가 본격적으로 펼쳐질 것입니다. 사람들이 디지털 세계에서 생활하면 지금 현실에서 필요한 것들이 디지털상에서도 필요하게 됩니다. 압도적으로 많은 시간을 디지털상에서 보낸다면 당연히 그 안에서 필요한 것도 많아질 테니까요. 예를 들어 초창기 메타버스라고 할 수 있는 제페토나 로블록스에 처음 들어가 보면 아바타는 내복 비슷한 옷을 입고 있습니다. 한 달에 한 번, 10분 정도만 들어가서 잠깐 체험하는 사람에게는 내복만 입은 아바타가 아무렇지 않습니다. 그러나 제페토에서 하루에 8시간을 보내는 사람이라면 아바타의 부실한 차림새가 아무래도 신경 쓰일 수밖에 없겠죠. 매일매일 근무하러 들어오는 사람이라면 옷이 매일 같은 것도 신경 쓰일 수 있습니다. 다른 아바타들은 매일 옷을 갈아입으며 나름 트렌디해 보이니 결국 아바타에 입힐 옷을 사게 됩니다. 이왕이면 명품 브랜드인 구찌이면 더 좋겠죠? 어차피 구찌라고 해 봤자 현실의 구찌에 비하면 몇십 분의 일의 가격이니까요.

디지털 안에서 시간을 많이 보낸다는 것은 그만큼 그 안에서의 소비도 늘어난다는 이야기입니다. 그래서 이 디지털 지구에서 NFT 자산을 가진다는 것은 현실에서 땅을 가지거나 차를 가지는 것, 아니면 저작권료가 들어오는 소설이나 작곡한 노래를 가진다는 것과 비슷합니다. 자신의 NFT가 아바타의 옷, 건축물, 혹은 그림이라면 그것은 디지털 지구에서의 상품이 될 것입니다. 팔아서 돈을 벌 수 있는 상품 말이죠.

비즈니스로서 NFT 상품의 핵심

비즈니스로서 NFT 상품의 핵심은 디지털 콘텐츠가 그대로 하나의 상품이나 자산이 된다는 것입니다. 그런데 NFT를 판매하는 사람 입장에서 생각해 보면 초기 제작이나 유통에 돈이 들어가지 않습니다. 그렇다면 NFT 상품 판매의 핵심은 좋은 사용성 혹은 디자인, 브랜드 등과 같은 요소에 달려 있다는 것이죠. 예를 들어 아바타에 신발을 신길 때 이왕이면 나이키 같은 브랜드나 유니크한 디자인의 신발을 신기지, 나이스 같은 짝퉁 브랜드를 신기지는 않는다는 것이죠. 현실에서는 이런 짝퉁 브랜드도 팔리긴 합니다. 사실 짝퉁이 아니더라도 중소형 브랜드는 디지털상에서 팔리지 않을 가능성이 많습니다. 그야말로 승자 독식의 빈익빈 부익부 현상이 일어날 곳이 바로 NFT 비즈니스 시장입니다.

성공 여부가 생산 및 유통이 아니라 브랜드에 달려 있다는 말은 사용자에게 어떤 매력을 끌 것인지가 중요하다는 의미입니다. '브랜드에 어떤 디자인과 스토리가 있는가?'와 같은 콘텐츠에 대한 이해와 적용에 따른 창의적인 영역이라는 것이죠. 기존의 생산과는 결이 다른 문제입니다.

NFT는 하이테크 기술이기보다는 블록체인의 응용에서 나온 비즈니스적인 기술입니다. 따라서 기술적인 이해가 복잡하지는 않습니다. 다만, 초창기 거래의 핵심으로 사용되던 이러리움 체인의 가스비가 비싸지면서 사이드체인 같은 기술이 생겨나 복잡해 보일 뿐입니다. 기본적으로는 스마트 계약 기술을 이용한 간단한 디지털 콘텐츠 소유권 증명 기술일 뿐이죠.

원래부터 비즈니스 기술이기 때문에 NFT는 비즈니스적 접근이 필요합니다. 앞으로 비대면이 일상화되고 본격적으로 재택근무가 도입되면서 NFT는 더욱더 쓰임새가 늘어나게 될 것입니다. 그렇기 때문에 NFT의 특성을 잘 파악해서 비즈니스에의 적용을 잘하는 것이 매우 중요해졌습니다.

04

BUSINESS 1

NFT
마케팅

NFT 마케팅 적용의 세 가지 양상

NFT를 마케팅에 응용하는 방안은 NFT 초창기부터 꾸준히 시도되었습니다. 마케터들은 새로운 기술이나 미디어에 빨리 반응하다 보니 NFT에 일찌감치 눈을 뜬 것이죠. 마케팅에 NFT를 적용하는 가장 큰 이유는 NFT에 익숙한 MZ세대에게 브랜드의 트렌디함을 각인하는 용도라 할 수 있습니다. 또한, 앞으로 일어날 디지털 트랜스포메이션에 누구보다 발빠르게 적응하기 위한 시험이기도 합니다. 디지털 경험을 쌓는 것이죠.

그래서 마케팅에서는 다른 어떤 비즈니스보다도 현실적인 경험과 시도가 꽤 많이 누적되어 있는 편입니다. 현재까지 마케팅에 사용되는 NFT를 종합해 보면 크게 세 가지로 나뉘는데, 컬렉터블 마케팅 NFT, 쿠폰 NFT, 브랜드 마케팅 NFT입니다.

컬렉터블 마케팅 NFT

컬렉터블 마케팅 NFT는 가장 초창기의 마케팅 NFT입니다. 다시 말해 수집용 NFT죠. KFC, 피자헛, 타코벨 등 대형 프랜차이즈를 보유한 얌브랜즈(Yum Brands)의 경우 일찍부터 본격적으로 NFT 마케팅을 전개했었습니다. 2021년 3월 멕시코 음식인 타코를 전문으로 하는 패스트푸드 프랜차이즈 타코벨은 NFT 거래 플랫폼인 레어러블(Rarible)에 타코 테마 NFT 5종(각각 다섯 가지, 총 25개)을 경매로 부쳤습니다. 처음 0.001이더(당시 시세 2,000원 정도)로 시작된 경매는 0.4이더(당시 시세 80만 원)까지 치솟았고, 30분 만에 모두 완판되었죠. 그리고 2차 경매 시장에서는 3,000달러 정도까지 가격이 올라가기도 했습니다.

얌브랜드뿐만 아니라 맥도날드도 초창기부터 NFT 마케팅을 시도했습니다. 2021년 프랑스와 중국의 맥도날드 현지 법인은 맥도날드의 컬렉터블 NFT를 경품 추첨으로 증정한 적이 있었습니다. 그리고 2022년 2월 맥도날드 본사는 메타버스 관련 상표 10건을 미국 특허청에 출원하기도 했습니다. 특허 출원은 글로벌 지사에서 별도로 진행했던 NFT 관련 사업을 본사 차원에서 진행하겠다는 것을 뜻합니다. 브랜드도 'McNFT'라는 이름으로 별도로 내세웠습니다. 즉, 지사 차원에서 단순한 마케팅용 NFT를 발행해 보고 어느 정도 경험을 쌓았으니, 본격적인 비즈니스로 접근하겠다는 이야기입니다.

우리나라의 경우 다양한 산업에서 NFT를 마케팅에 도입하고 있는데, 아무래도 젊은 소비자와 주로 만나는 소비재 산업에서 선제적으로 도입하여 시험하는 중입니다. 쉽게 말하면 우선 편의점이나 혹은 편의점에서 파는 상품을 통해 NFT를 먼저 만나게 된다는 이야기입니다. 롯데제과는 히트 상품인 빼빼로 캐릭터를 이용한 NFT를 선보였습니다. NFT 전문 아티스트인 LAYLAY와 1000DAY 등과 협업해 만든 '빼빼로 프렌즈 NFT' 작품 11종을 11개씩 해서 총 121개 발행했습니다.

롯데제과의 빼빼로 NFT 마케팅 [10]
자료: 롯데제과 공식 인스타그램

편의점의 경우 NFT에 꽤 진심입니다. 2022년 5월 세븐일레븐은 코인을 탑재한 세븐 NFT를 발행해서 현금화까지 가능한 모델을 만들었고, 추첨을 통해 7,110명에게 증정했습니다. GS25는 3월에 삼각김밥을 캐릭터화한 삼김이 NFT 3,333개를 제너레이티브 아트 방식으로 선보였습니다. 삼김이 NFT 3,333개를 받으려고 20여만 명이 응모를 했을 정도였습니다.

이런 마케팅용 NFT의 특징을 정리해 보면 다음과 같습니다.

> ① 수익금 기부
> ② 10,000개가 아닌 100개 언저리
> ③ 장래성, 사용성 등 없음

사실 이러한 마케팅용 NFT를 보면 딱히 수익성은 보이지 않습니다. NFT를 많이 발행해서 무료로 나눠주든가, 아니면 정식으로 판매를 하더라도 수익금은 기부를 하는 형식이 많죠. 즉, 기업에게 지금의 NFT는 비즈니스에 대한 시험대일 뿐, 아직 비즈니스 자체라고 생각하지 않는다는 뜻입니다. NFT를 발행하여 피드백을 수집하는 단계이고, 무엇보다 소비자들이 NFT를 홀딩하는 방법을 배우는 단계라고 보면 되겠습니다.

프랜차이즈 업체에서 키오스크로 주문하는 시스템을 도입했을 때, 곧바로 아르바이트생을 줄이지 않고 고객에게 키오스크 사용법을 가르치게 했죠. 이후 1~2년 정도 지나서야 서서히 아르바이트생을 줄이기 시작했습니다. 키오스크로 주문하는 방법에 소비자가 어느 정도 익숙해질 때까지 시간을 준 것이죠. 이와 마찬가지로 지금의 소비자는 여러 마케팅 툴을 통해서 NFT를 받고, 홀딩하고, 사용하는 방법에 익숙해지고 있는 단계라고 보면 됩니다.

기업에게 지금의 NFT는 수익성보다 경험을 쌓는다는 접근이 강합니다. 어차피 책정한 마케팅 비용이 있으니 한번 투자한다는 생각입니다. 그래서 100개 정도만 발행하고 수익금은 기부하는 형식을 띄는 것이죠. '5분 만에 완판'과 같은 타이틀이 필요하기에 굳이 NFT를 많이 발행할 필요는 없습니다.

그리고 무료 증정의 경우 꽤 많은 NFT를 발행하기도 하는데, 이 경우 필요한 앱을 다운로드하거나 기존 자사 앱에 회원으로 가입하는 사람들이 늘어나서 낚시 효과도 꽤 좋습니다.

컬렉터블 마케팅 NFT의 지속성 문제

그런데 문제는 이런 NFT 마케팅에 소비자가 계속 참여할 수 있느냐는 점입니다. 초창기에는 신기하기도 하고, 대부분 '최초'라는 타이틀이 붙는 NFT여서 혹시 나중에 가치가 올라갈지도 모른다는 기대감으로 참여하게 됩니다. 그러나 이런 NFT가 계속 나오면 그런 기대감은 한순간에 없어질 수 있습니다.

컬렉터블 마케팅 NFT의 가장 큰 문제는 가치 보존이 안 된다는 것입니다. 치킨 외식 브랜드 BBQ는 2022년 동계 올림픽에 참가하는 대한민국 선수단을 응원하고 기념하기 위해 'BBQ ALL-PICK NFT' 10,000장을 발행했습니다. 이런 NFT는 정말 기념품에 불과해서 아무런 기능이나 사용성이 없습니다. 2022년 11월 NFT 마켓플레이스에서 이 NFT의 바닥가는 5클레이입니다. 현재 시세로는 2,500원 정도입니다. 무엇보다 거래 자체가 하루에 1~5건 사이인데, 거의 없는 것이죠.

마케팅용으로 나눠주는 NFT는 가치 추동이 될 수 없습니다. 그러다 보니 처음에는 호기심을 가졌던 소비자의 관심이 점점 떨어지고, 결과적으로 마케팅 효과도 없어지게 됩니다. 그래서 기업들은 소장용 그림이라도 예쁘게 만들어야겠다 싶어서 아트 작가들과 협업하는 식으로 NFT 그림에 신경 쓰기 시작했습니다.

쿠폰 NFT

마케팅 영역에서 수집용 NFT의 트렌드는 지나가고, 지금은 유틸리티 NFT가 많이 이용되고 있습니다. 마케팅에서의 유틸리티, 즉 사용성이란 결국 할인이나 쿠폰 효과입니다. 그러니 NFT 보유자에게 할인해 주거나,

경품을 주는 쿠폰 방식으로 소비되는 것이죠. 이런 경우 NFT를 소장하는 것으로 가치 추동을 할 수 없습니다. 할인 기능을 사용하고 나면 더 이상 본래의 기능이 없어지므로 정말 일회용 쿠폰이 되는 것입니다.

배달 앱인 '위메프오'는 NFT 거래소인 메타갤럭시아(MetaGalaxia)와 2022년 8월 NFT 프로모션을 진행했습니다. 위메프오의 상징 동물인 사자와 미어캣을 형상화한 NFT를 메타갤럭시아를 통해 구매하면, NFT 소유자에게 위메프오 앱에서 배달·픽업 주문 시 현금처럼 사용할 수 있는 5만 포인트를 지급했습니다. NFT의 가격이 5만 원이니, 어차피 앱을 통해서 음식을 시켜 먹을 사람이라면 무료로 NFT를 받는 것이나 다름없었죠. 다만, 현금이 아니라 위메프오의 5만 포인트였으니, 이 조건은 결국 회원 확보에 인당 5만 원을 지불하는 위메프오와 메타갤럭시아의 마케팅인 셈입니다. NFT 구매 경험을 통해 메타갤럭시아와 위메프오 모두 회원을 늘린 마케팅 이벤트였습니다.

결국 회원 한 명을 유치하는 데 5만 원의 비용이 소요된다는 뜻인데, 이 경우 위메프오는 도대체 왜 NFT를 발행하는 것일까요? 최근 들어 회원 유치에 꽤 많은 돈이 드는 것이 사실입니다. 그렇다 하더라도 굳이 NFT를 이용하는 이유는 보다 미래 지향적인 관점 때문입니다.

우선 MZ세대에게 트렌디한 브랜드라는 이미지를 줄 수 있습니다. 배달의민족이나 요기요에서는 시도하지 않는 시도이니 IT 쪽으로는 위메프오가 앞서간다는 이미지를 줄 수 있습니다.

다음으로 위메프오는 CJ올리브네트웍스, 갤럭시아메타버스, 그리드와 '메타버스 사업 공동 추진을 위한 MOU'를 체결했습니다. 이를 통해 푸드 메타버스를 구축하고, 음식 배달·픽업 주문이 가능한 가상 플랫폼을 만드는 것을 목표로 하고 있죠. 위메프오 NFT 소유자는 그런 메타버스의 유력한 첫 번째 입주민이 될 것입니다.

기업들이 할인이나 쿠폰 NFT를 선보이는 또 다른 경우가 있습니다. 자사의 NFT 거래소나 지갑을 사용하게 하려는 의도입니다. 디지털화가 진행되는 앞으로의 미래에서 가상 자산인 NFT의 거래와 사용은 늘어날 수밖에 없습니다. 그러니 개별 NFT 하나를 보급하는 것이 아니라, NFT를 거래하는 지갑이나 사이트를 확보하겠다는 것입니다. 다시 말해 플랫폼 전략인 것이죠.

NFT에 아직 익숙하지 않은 분들은 무료로 NFT를 받았을 때 어디에 보관해야 하는지 묻곤 합니다. 기존 파일을 보관하는 것처럼 폴더에 보관하는 것인지, 웹상에서 보관하는 것인지 물어보는데요. NFT를 보관하는 전자지갑이 있습니다. 보통 메타마스크(MetaMask) 등의 지갑을 많이 사용하는데, 기업들은 이 지갑을 자사의 것으로 사용했으면 하는 것이죠.

현대백화점의 전자지갑 H.NFT [11]
자료: 현대백화점 공식 인스타그램

현대백화점은 2022년 6월 백화점 전용 앱에 전자지갑 서비스 'H. NFT'를 개설했습니다. 그리고 이 전자지갑에 멤버십 포인트, 할인 쿠폰, 라운지 이용권 등의 각종 고객 혜택을 NFT로도 발행하기 시작했습니다.

카카오톡은 이미 카카오톡 내에 클립(Klip)이라는 NFT 지갑 서비스를 넣어 놓았습니다. 그러니 나는 NFT와 전혀 관계없다고 생각하는 분들도 이미 NFT 지갑을 가지고 있는 겁니다. 자신의 스마트폰에 카카오톡이 설치되어 있다면 말이죠.

이렇게 기업이 마케팅 차원에서 할인이나 쿠폰용 NFT를 발행하는 것은 자사 디지털 행보의 '한 걸음' 때문인 경우가 많습니다. 메타버스 구축이든, NFT 거래 사이트 구축이든 지금 사용자를 확보하겠다는 계산인 것이죠. 다만, 할인 때문에 NFT를 받은 사람들은 이후 이어지는 행보가 없으면 NFT를 받았다는 것 자체를 아예 까먹을 가능성이 많죠. 만약 자사의 디지털 행보를 위해 마케팅 전략으로서 할인이나 쿠폰 NFT를 설계했다면, 때때로 홀더들이 상기할 수 있도록 후속되는 마케팅 계획을 세워야 합니다. 그래야 홀더에게는 홀더로서의 정체성이 생기고, 그것이 서포터 역할까지 이어질 수 있습니다. 그렇지 않으면 1회용 쿠폰처럼 쓰고 버리게 되기 때문에(버리지는 않겠지만 잊어버려서) 마케터가 목표했던 효과를 내는 것이 힘들어질 수 있습니다.

브랜드 마케팅 NFT

브랜드 마케팅용 NFT는 상품이나 플랫폼보다는 기업의 브랜드를 강화하기 위한 마케팅 NFT입니다. 아무래도 글로벌 기업이나 대기업처럼 브랜드 가치가 큰 기업에서 가능한 마케팅이겠죠. 브랜드 가치에 가장 민감한 명품업체가 가장 발 빠른 행보를 보이고 있습니다.

2022년 8월 럭셔리 주얼리 브랜드 티파니앤코(Tiffany&Co.)가 크립토펑크 보유자를 대상으로 250개 한정 수량의 티파니앤코 NFT를 판매했습니다. 이 NFT는 NFT와 Tiffany의 철자를 결합해 'NFTiffs(엔에프티프)'라 불립니다. 이 NFT를 사면 자신이 보유하고 있는 크립토펑크에 맞춘 실물 펜던트를 제공받을 수 있는데, 펜던트는 자신의 크립토펑크 캐릭터 모양으로 되어 있으며 뒷면에는 고유번호가 새겨집니다. 18K 금과 다이아몬드를 활용하여 만든 팬던트여서 가격도 꽤 나가죠. 무려 30이더리움인데, 1이더리움을 200만 원으로 계산해도 6,000만 원이나 합니다. 크립토 겨울에 나온 가격치고는 상당하다는 것을 생각해 보면 이 NFT 프로젝트의 목적은 티파니앤코 브랜드의 럭셔리함을 강조하려는 의도가 상당히 강하다고 짐작할 수 있습니다. (어차피 맞춤형 주문 생산이라 팔리지 않는다고 재고가 생기는 것도 아니니까요.)

NFTiff couldn't be easier. Purchase your NFT through the NFTiff gateway, choose your CryptoPunk and Tiffany artisans will transform it into a bespoke pendant. Discover more: nft.tiffany.com #NFTiff #TiffanyAndCo

NFTiffs를 소개하는
티파니앤코의 공식 트위터 [12]
자료: 티파니앤코 공식 트위터

구찌는 메타버스와 NFT에 가장 진심인 브랜드로 알려져 있습니다. 일찌감치 제페토에 '구찌 빌라'를 만들어서 구찌 제품을 팔기도 했었습니다. 2022년부터 본격적인 NFT 프로젝트에 돌입한 구찌는 NFT 스타트업 슈퍼플라스틱(SUPERPLASTIC)과 협업한 '슈퍼구찌(SUPERGUCCI)' 프로젝트를 선보인 적이 있고, NFT 업체 10KTF와 협력한 구찌 그레일(Gucci Grail) NFT 컬렉션을 출시하기도 했습니다.

구찌뿐만 아니라 버버리, 프라다, 루이비통, 돌체앤가바나, 지방시 등 명품업체들의 NFT 프로젝트는 계속 이어지고 있습니다. 명품업체의 NFT는 그 자체로도 비싸기 때문에 사업성이 어느 정도 있긴 하지만, 그래봐야 몇백만 달러 수준입니다. 돌체앤가바나는 디지털 럭셔리 마켓플레이스인 UNXD에서 디지털 '콜레지오네 제네시(Collezione Genesi)' 컬렉션 9점으로 570만 달러의 수익을 올리기도 했습니다. 그런데 명품업체가 이 정도의 매출 때문에 공격적으로 비즈니스를 확장하거나 그러지는 않겠죠?

그럼에도 불구하고 명품업체들이 우후죽순 NFT 비즈니스로 진입하는 것은 앞으로의 사업성과 현재의 브랜드 마케팅이라는 두 마리 토끼를 잡기 위해서라고 할 수 있습니다. 메타버스와 NFT에 발 빠르게 나섰던 구찌는 이미 MZ세대에게 가장 친숙한 브랜드로 다가가고 있습니다.

브랜드 정체성을 디지털 사업에도 유지할 수 있다면, 그 자체로 차세대 비즈니스의 동력이 되기도 합니다. 물론 그렇지 않더라도 일단 지금 NFT를 출시하고, 메타버스에 자신의 공간을 만드는 것은 브랜드에 트렌디한 느낌을 더할 수 있기 때문이기도 하죠.

한국에서도 NFT를 브랜드 마케팅에 활용하려는 움직임이 있긴 하지만, 아무래도 글로벌 브랜드보다는 브랜드 파워가 약하기 때문에 이미 유명한 NFT 프로젝트와 협업하는 길을 택하는 경우가 많습니다.

F&F의 메타버스 패션 브랜드 '수프라(SUPRA)'는 2022년 5월 NFT계의 명품이라는 불리는 BAYC와 협업하여 트레이닝 세트와 슈즈를 판매한 적이 있습니다.

BAYC #7298과
컬래버레이션한
수프라 NFT [13)
자료: 수프라 공식 인스타그램

현대자동차는 한국 NFT 프로젝트에서 가장 유명한 메타콩즈와 협업하여 특별판 NFT 30개를 판매한 적이 있습니다. 하지만 메타콩즈의 경우 회사 내 헤게모니 다툼이라는 운영 이슈로 유저에게 신뢰를 잃은 사건이 있었죠. 해당 사건 이후로 대기업은 유명 NFT 프로젝트와의 협업을 통한 브랜드 마케팅에 소극적인 경향이 생겼습니다. 아무리 유명 NFT 프로젝트라고 해도 보통 스타트업이나 소기업인 경우가 많다 보니 브랜드 마케팅을 함께 하기에는 불안하다는 인식이 생겼습니다.

마케팅용 NFT도 소유하고 싶은 욕망을 불러 일으키는 것이 관건

크립토 겨울 기간에는 NFT를 활용한 마케팅이 주춤할 수 있지만, 디지털 생활 유저에게 브랜드 친밀감을 부여하려는 글로벌 기업이나 대기업에 의해 지속적으로 활성화될 것입니다.

하지만 그저 NFT를 발행하거나 무료로 줄 테니 받아 가라는 식의 마케팅은 효과가 급격하게 떨어지고 있습니다. 아무리 마케팅용 NFT라 해도 그 안에 가치를 담아야 합니다. 진정한 가치 추동의 열쇠는 역시 사용성 증가입니다. 물론 NFT의 사용성을 '무료로 뿌리는' 마케팅용 NFT에 많이 담기는 힘들 것입니다. 그래도 이왕 마케팅에서 유효한 효과를 거두려면 유저들이 이 NFT를 가져야 할 이유를 만들어 줘야 합니다. 당장의 할인이나 특권 부여도 좋고, 앞으로 열릴 메타버스에 대한 분양권 등과 같은 미래의 약속이라도 있어야 하는 것이죠. 그래야 가치가 추동되고, 그 가치로 인해 서로 NFT를 보유하려 하면서 2차 거래 시장의 명품으로 떠오르게 될 것입니다. 반짝 기사 한번 나는 것보다 이런 효과들이 마케팅 차원에서는 더 유리할 수 있습니다.

여기에 중요한 포인트가 있습니다. 기업들이 NFT에 단순히 마케팅을 위해 접근하는 것은 아니라는 것입니다. 마케팅은 시작일 뿐입니다. 피드백과 시장의 움직임을 보면서 본격적인 NFT 사업을 가동할 준비를 하는 것이고, 마케팅용 NFT 프로젝트들은 그에 대한 리트머스 시험지인 것이죠. 그래서 마케팅에 NFT를 도입하는 것은 수익성과 상관없이 기업들이 가장 많이 접근하고 있는 NFT 비즈니스 방식입니다.

마케팅에 사용되는 NFT의 형태는 컬렉터블 마케팅 NFT, 쿠폰 NFT, 브랜드 마케팅 NFT입니다. 초창기 컬렉터블 마케팅 NFT는 단순히 무료로 나눠준다는 것만으로도 충분히 존재 가치가 있었지만, 그 효용은 빠르게 사라졌습니다. 지금은 아티스트와 협업해서 그림의 가치를 높이는 것과 같이 특별한 가치를 부여하는 것만 살아남고 있죠.

쿠폰 NFT, 혹은 마케팅 유틸리티 NFT 형태도 있습니다. 이를 통해 기업들은 당장의 유저 확보를 넘어, 회원의 홀딩과 기업의 디지털 이미지 제고라는 미래 지향적인 목적을 가지기도 합니다.

브랜드 마케팅 NFT는 대기업이나 명품업체와 같이 브랜드 관리가 중요한 비즈니스에서 시도되고 있습니다. 이 경우 신뢰 관리가 중요한 업계인 만큼 매우 조심스럽게 접근할 필요가 있습니다.

마케팅에서 비즈니스로 사용되는 NFT의 형태에 대해 알아보았는데, 어떠셨나요? 메타버스가 본격적으로 자리 잡고 유기적으로 연결되기 전까지 NFT 마케팅은 이런 범주 안에서 조금 더 치열해지고 고도화될 것으로 보입니다.

05

BUSINESS 2

컬렉터블
NFT

확장성 있는 NFT 비즈니스를 찾아내다

비즈니스화 관점에서 NFT를 봤을 때, 지금까지의 NFT 시장에서는 그다지 희망적인 부분이 별로 없습니다. NFT 아트는 작품 하나하나를 파는 것이라 비즈니스라 하기 어려운, 그야말로 아트의 영역입니다. 그보다 대중성 있는 PFP도 고작 10,000장 발행이고, 이것도 잘되어야 다른 프로젝트를 론칭할 수 있는 프로세스입니다. 전 세계적으로 히트를 한 BAYC 정도 되어야 비즈니스성이 있다고 말할 수 있지, 웬만한 성공으로는 비즈니스 확장성을 논하기 어렵습니다.

개인이나 1인 기업의 경우 10,000장을 판다는 것 자체가 큰 의미 있겠지만, 기업 입장에서는 큰돈이라고 하기에도 힘들고, 무엇보다 확장성이 크지 않으니 사업으로 진행하기 어렵습니다. BAYC도 초창기에는 네 명의 창업자가 시작한 조그만 프로젝트였습니다.

그래서 기업들은 단지 NFT를 발행하는 형식의 상품이 아닌, 확장성 있는 NFT에 대해 고민했는데요. 그 해답을 '대퍼랩스(Dapper Labs)'라는 회사가 제시했습니다. 대퍼랩스는 '크립토키티'를 론칭했던 회사입니다. 첫 번째 NFT 프로젝트인 '크립토펑크'는 지금도 최고가로 거래되는 명품이죠. 반면, 크립토키티는 두 번째 NFT 프로젝트입니다. 앞서 이야기했듯이 크립토키티는 높아진 이더리움의 가스비 때문에 성공하지 못한 프로젝트가 되었죠. 대퍼랩스는 자사의 비즈니스를 다시 피보팅하여 새로운 비즈니스를 찾았습니다. 그것이 바로 'NBA탑샷(NBA Top Shot)'입니다.

무언가를 수집하는 비즈니스는 계속 존재했습니다. 우표 수집이나 동전 수집도 있었고, 최근에는 피겨 수집도 시장을 형성했습니다. 미국에는 규모가 큰 수집 시장이 하나 더 있는데, 바로 스포츠 카드입니다. 2019년 기준 미국 스포츠 카드 시장은 138억 달러의 규모[14]입니다. 그중에서도 주축이 되는 것은 메이저 리그 카드와 NBA 카드입니다. 대퍼랩스가 NFT로 발행하는 선수 수집 카드도 바로 NBA 선수의 동영상 카드입니다.

대퍼랩스가 NBA탑샷 플랫폼에서 NFT로 발행하는 카드는 9~999달러의 가격대로, 다양한 패키지가 있습니다. 이 패키지 안에는 여러 명의 선수 카드가 들어있는데요. 카드는 Common 등급(95.8%), Fandom 등급(2.5%), Rare 등급(1.6%), Legendary 등급(0.09%)으로 나뉘어 확률에 따라 수량이 다르게 들어갑니다. 확률이 적은 카드는 당연히 2차 시장에서도 높은 가격을 형성하죠. 르브론 제임스(Lebron James)*의 카드가 225,000달러에 팔리기도 했습니다.

---

*르브론 제임스 미국의 프로 농구 선수

수집 시장이 NFT화될 때
파생되는 세 가지 장점

수집 시장은 NFT 때문에 생긴 것이 아니라 원래 있던 시장입니다. 원래부터 존재하던 카드 수집 시장이 NFT화된 것일 뿐이죠. 카드 수집 시장이 NFT화되면 몇 가지 장점이 생기는데, 크게 세 가지 정도를 꼽을 수 있습니다.

① 신뢰도 증가로 인한 거래 증가
② 거래 접근성의 개선
③ 글로벌 시장의 확대

희귀한 카드는 몇십억 원까지 가격이 상승하다 보니 위조 사건이 생깁니다. 하지만 NFT는 전문가의 감정이 없더라도 진품 여부를 보증할 수 있습니다. 파일 안에 새겨져 있는 거니까요. 그래서 신뢰가 바탕이 되는 비즈니스를 할 수 있습니다.

또 하나의 장점은 NFT 거래가 디지털상에서 일어나기 때문에 언제 어디서든 쉽게 거래를 할 수 있다는 점입니다. 카드 수집과 거래를 인터넷으로 얼마든지 할 수 있으니 말이죠. 지금 당장 포털에 'NBA탑샷'을 검색해 해당 웹사이트 접속하면, 한국에서도 수집과 투자를 할 수 있습니다. 다시 말해 투자자 입장에서 스포츠 카드에 대한 투자 접근성이 굉장히 높아진 겁니다.

이에 파생되는 세 번째 장점이 있습니다. 실물 카드를 수집하는 시장은 미국만의 로컬 시장일 수밖에 없었는데, 카드가 NFT화되면서 글로벌 시장으로 탈바꿈한 것입니다. 언제 어디서든 거래할 수 있으니 말이죠.

글로벌 시장이 되면서 수집의 규모가 커지고, 시장이 다시 활성화되어 소장품 가격이 올라가는 선순환 구조가 이루어집니다.

수집가의 풀(Pool)만 갖춰진다면 수집 시장에서의 NFT화는 그야말로 안 하는 것이 이상한 완벽한 NFT 비즈니스 재질입니다. 2022년 5월까지의 NBA탑샷 총 거래량은 9억 3,700만 달러입니다. 2020년에 시작했지만 당시는 실험 수준이었고, 2020년 11월부터 본격적으로 서비스한 것이니 1년 반 정도만에 한화로 10조 원이 넘는 거래가 일어난 것이죠. 기업들은 여기서 비즈니스의 가능성을 찾았습니다. IP가 있고, 그것이 무한정 확장되어 늘어날 수 있다면, NFT 역시 지속적으로 발행되어 수집 시장과 연계될 수 있기 때문에 글로벌 비즈니스가 될 수 있다는 것을 알게 된 것이죠.

725만 달러로 거래된
호너스 와그너 T-206 카드 [15]

확대되는 선수 카드 수집 시장

메이저 리그의 선수 카드는 NBA 카드보다 더 인기가 좋고, 보다 광범위한 컬렉터를 가지고 있습니다. 메이저 리그 카드 중 유격수 호너스 와그너(Honus Wagner)의 카드는 전 세계에 단 50여장만 있습니다. 무척 귀하기 때문에 경매에서 725만 달러(거래 당시 시세로 약 94억 원)에 거래된 적이 있기도 했죠.

NBA탑샷의 성공을 지켜본 메이저 리그 역시 NFT 시장에 진입하려 했습니다. 메이저 리그 NFT 카드의 독점권을 가지고 있는 회사 '톱스 (Topp)'는 실물 카드 분야에서 발행, 유통 등의 풍부한 경험을 가지고 있었으나, 디지털 카드 분야로는 초보였습니다. 시범적인 NFT 발행 사업을 진행했지만 성과는 좋지 못했습니다.

메이저 리그 사무국은 특단의 조치를 취했습니다. 톱스와의 계약을 종료하기로 한 것이죠. 참고로 톱스는 1952년부터 메이저 리그 카드를 독점으로 제작한 회사입니다. 원래 미국은 보수적이어서 이렇게 오래 이어온 계약을 깨는 것이 쉽지 않은 일입니다. 하지만 새롭게 바뀐 NFT 패러다임에 적응하지 못한 톱스는 이 독점 계약을 지키지 못한 것이죠.

스포츠 의류 회사 '파나틱스(Fanatics)'는 2011년부터 본격적으로 사업을 확장했습니다. 이후 2021년 7월 투자사 '갤럭시 디지털(Galaxy Digital)', SNS계 유명 인사 게리 바이너척(Gary Vaynerchuk)과 함께 '캔디 디지털 (Candy Digital)'이라는 회사를 설립하고 NFT 발행 사업을 시작했습니다. 메이저 리그는 이 파나틱스와 계약을 체결합니다. NFT라는 새로운 물결이 70년 독점 계약을 깨고, 설립된 지 2년 된 신생 회사에 기회를 준 것이죠. 메이저 리그가 파나틱스와 함께 본격적으로 NFT 카드 시장에 나서게 되는 것은 2025년으로 예상됩니다. 아무래도 NBA보다 더 큰 시장인 만큼 글로벌 투자 시장에도 꽤 영향을 미칠 수밖에 없겠죠.

2022년에 들어서면서 스페인의 라리가, 잉글랜드의 프리미어리그도 차례로 NFT 카드를 준비 중이고, 국내 KBO나 프로 축구 리그도 NFT 카드 시장에 도전하게 됩니다. 문제는 과연 누가 살아남느냐입니다. 컬렉터블 NFT는 팬들이 사는 굿즈와 차이가 있습니다. 투자자가 사야만 컬렉터블 NFT 시장이 활성화될 수 있다는 것이죠. 라리가와 프리미어리그처럼 세계적인 팬을 확보한 리그는 투자자의 수도 충분하지만, 글로벌 팬덤이 없는 국내 리그의 카드 시장은 불안 요소를 가질 수밖에 없습니다.

대퍼랩스의 라리가 NFT 카드 소개 [16)]
자료: 대퍼랩스 공식 웹사이트 캡처

　사실 카드 수집 시장은 게임적 요소(라 쓰고 도박적 요소라고 읽는)가 있습니다. 앞서 예를 들었던 NBA탑샷도 어떤 카드가 들어 있는지 모르는 채로 패키지를 사야 하고, 뜯어봐야 어떤 가치가 있는 카드가 들어있는지 알 수 있습니다. 가끔 지불한 가격보다 훨씬 가치가 높은 카드가 나오면 그야말로 복권에 당첨된 것과 마찬가지죠. 어떤 사람들은 이 점을 게임적 설계라 하지만, 관점에 따라서는 사행성을 조장하는 도박과 비슷해 보이기도 합니다. 우리나라의 NFT 카드 수집 시장은 여러 관련 법규와 사회적 의식 때문에 이런 식으로 설계되기는 힘듭니다. 그러니 국내 스포츠 카드 시장은 외국의 전개 양상과 다를 가능성이 높습니다. 게임적 요소와 투자자의 이익을 어떻게 설계하느냐가 성패를 좌우할 수 있겠죠. 그냥 '수집만 해!'라는 식의 성의 없는 설계로는 잘될 확률이 무척 낮습니다.

웹툰 IP의 NFT

스포츠 카드의 IP는 매해 리그가 진행되면 계속해서 새로운 NFT가 나온다는 장점이 있습니다. 연속성과 확장성이 뛰어나죠. 게다가 메이저 리그나 NBA는 세계적인 인지도까지 있으니 컬렉터블 NFT로 비즈니스하기에 적합합니다. 반면, 한국 스포츠 리그는 아무래도 불리할 수밖에 없습니다. 하지만 한국이 세계적인 경쟁력을 가진 IP가 있습니다. 하나가 아니라 두 개나 되죠.

첫 번째는 K-POP 스타입니다. 넷플릭스를 통해 전 세계적으로 인기를 끌고 있는 드라마까지 확장하여 생각하면 한류 문화는 엄청난 경쟁력을 가진 IP입니다. 두 번째는 세계 시장에서 장르 이름 자체를 만들어낸 '웹툰'입니다. 한국에서 처음 만든 '웹툰'이라는 말이 하나의 장르가 될 정도로 웹툰 시장에서 한국의 경쟁력은 지대합니다. 이미 웹툰 IP를 활용한 NFT 수집품 시장도 있을 정도입니다.

2022년 1월 카카오엔터테인먼트는 카카오웹툰의 인기작 『나 혼자만 레벨업』의 NFT 판매를 진행했었습니다. 최종화 장면을 담은 메인 NFT 100개와 최강자로 거듭난 주인공 모습을 담은 서브 NFT 200개가 발행되었는데, 각각 500클레이와 100클레이로 판매되었습니다. 전 세계 142억 뷰가 나온 만큼 인지도 있는 작품이어서 1분 만에 완판되었죠. 사실 작품 인지도에 비하면 300개라는 발행량은 수익보다 '완판'이라는 타이틀을 노렸다고 볼 수 있죠.

한국 웹툰은 K-Culture의 대표적인 브랜드로, 네이버나 카카오가 본격적인 비즈니스를 전개하고 있습니다. 네이버는 미국의 왓패드(Wattpad), 일본의 이북재팬(ebook Japan) 등을 인수하여 네이버웹툰의 글로벌 유저를 2억 명 가까이 모았습니다. 카카오는 일본의 픽코마(Piccoma), 미국의 타파스(Tapas), 래디쉬(Radish) 등을 인수하며 성장하고 있습니다. 현재도 웹툰 시장에서의 한국의 영향력은 크지만, 최근 웹툰 IP로 드라마와 영화가 많이 제작되기 때문에 IP 비즈니스는 더더욱 활성화될 것으로 예상됩니다. 그 말은 K-웹툰의 IP를 전 세계인이 인지하고 있다는 뜻입니다. 따라서 웹툰 IP를 활용한 사용성 증대 방안을 충실히 세우고, 글로벌 NFT에 대한 경험을 더 쌓는다면 웹툰 IP를 활용한 NFT 비즈니스에 충분히 도전해 볼만합니다.

연예인 NFT의 이중성

대부분의 한국 연예 기획사는 NFT에 대한 사업 계획을 가지고 있습니다. HYBE, SM, YG, JYP뿐 아니라 중소형 기획사도 모두 소속 연예인을 활용한 NFT 발행에 대해 계획을 가지고 있습니다. 최근 K-POP 아이돌은 글로벌 팬덤을 가진 경우가 많아서 생각보다 광범위하고 강력한 글로벌 영향력을 가집니다. 따라서 이들의 IP를 이용한 NFT 비즈니스는 상당히 유리한 출발선에 서 있는 것이죠. 글로벌 인지도를 가진 채 시작하기 때문에 글로벌 수집 시장에 잘 접목될 가능성이 있습니다.

하지만 이런 장점 못지않은 문제도 드러납니다. 팬덤이 강한 연예인일수록 NFT 발행에 매우 조심스러워야 한다는 것입니다. 2022년 2월 가수 선미가 '선미야 NFT'를 PFP 10,000장으로 발행했습니다. 그런데 NFT 발행 과정에서 팬덤과 투자자 간의 잡음이 있었습니다. 연예인 NFT를 사는 사람은 투자자 아니면 팬일 가능성이 높은데, 이 두 유형의 구매 동기가 아예 다릅니다. 팬 입장에서는 투자자의 NFT 소유가 달갑지 않긴 합니다.

연예인을 돈벌이로만 대한다고 생각할 수 있거든요.

그런데 팬들의 입장에서 더더욱 문제인 것은 이런 감정적인 부분보다 NFT를 구매하는 데 있어 연예인에게 정성과 애정을 쏟는 팬들이 소외된다는 사실입니다. 해당 프로젝트 때도 팬들이 화이트리스트에 오르지 못하거나 NFT 구매 방식을 제대로 인지하지 못해 NFT를 구매하지 못한 경우가 있었습니다. 이렇게 되자 팬들은 커뮤니티에 문제를 제기하기도 했었죠. 그리고, 팬들이 보기에 NFT는 그 의도가 무엇이든 돈벌이 수단이기 때문에 기본적으로 감정이 좋지 못합니다. 실제로 선미야 NFT가 몇 가지 문제에 봉착하자 NFT를 준비했던 몇몇 연예인은 NFT 발행을 포기하기도 했었습니다.

2021년 11월 HYBE는 BTS의 NFT 진출에 대해 발표했습니다. 이때 BTS의 팬덤인 아미의 일부는 블록체인을 이용하는 NFT의 특성을 이유로 BTS의 NFT를 반대했습니다. 블록체인은 많은 에너지를 사용해야 하기 때문에 환경 문제를 일으킬 수 있는데, 이는 평소 환경 문제를 제기했던 BTS의 뜻에 어긋난다는 이유였습니다. 하지만 그것은 표면적인 문제일 뿐, 근본적으로 팬과 투자자라는 두 가지 흐름이 NFT로 인해 부딪히게 된다는 문제가 더 중요했습니다.

따라서 연예인의 IP를 이용한 NFT를 계획할 때는 팬과 투자자를 모두 만족시킬 수 있는 Two-Way 설계가 되어야 합니다. 투자와 지분을 분리한 두 종류의 NFT를 발행하는 식으로 이 문제를 해결할 수 있습니다. 지분 NFT와 투자 NFT를 분리하는 것은 마치 코인에서 지분용 코인과 화폐용 코인을 구분하는 것과 비슷합니다. 지분 NFT는 연예인 매니지먼트에 대한 결정을 투표로 할 때, 그 투표권이 될 수 있는데요. 팬들이 원하는 것은 이런 기능의 NFT입니다. 투자용 NFT는 투자자가 원하는 수익과 관련

된 것이겠죠? 이 두 가지 성격의 NFT를 양립하면서 서로 영향을 주고받
도록 설계하는 것이 연예인 IP를 활용한 NFT 비즈니스의 핵심 쟁점이 될
것입니다.

가상 인간 NFT

가상 인간은 웹툰처럼 확장형 IP가 될 수 있습니다. 최근 인플루언서
나 연예인을 대체하는 가상 인간의 활동이 눈에 띄기 시작했는데, 이들의
NFT도 곧 시도될 것입니다. 문제는 그 가상 인간의 팬덤이 어디까지 형
성될 것인가입니다. 글로벌 팬덤으로 이어져야 NFT가 비즈니스로서 의
미가 있을 테니 말이죠. 그래서인지 최근 들어 가상 인간의 가수 데뷔가
활발합니다.

가상 인간 중에서 가장 유명한 로지(Rozy)는 사이더스 소속으로 2022
년 2월 음원『Who am I』를 발표했고, YG 소속의 한유아는 음원『I Like
That』을 발표했습니다. 가상 인간과 음악의 결합은 K-POP 인기에 편승하
여 세계적인 인지도를 얻으려는 전략으로 보입니다. 그래야 다음 단계의
비즈니스가 수월해지기 때문이죠. 하지만 아직까지 가상 인간의 인기는
제한적입니다. 주로 SNS 광고 정도의 활동만 할 뿐이죠.

하지만 기술이 발달하면서 가상 인간의 움직임이나 모양새가 자연스러
워지고, 무엇보다 인기 요인을 정확하게 파악하고 공략하는 시도가 많아
지면서 가상 인간의 인기는 점점 올라갈 것으로 예상됩니다. 가상 인간이
SNS의 정지 화면을 넘어 영화나 드라마로 나오고 있기도 합니다.

스타 가상 인간뿐 아니라 보급형 가상 인간도 나오고 있습니다. 2022년 8월 한국의 인공지능 전문 기업 딥브레인AI(DEEPBRAIN AI)는 중국 NFT 플랫폼 아이박스(iBox)에 남자친구와 여자친구 콘셉트의 가상 인간 NFT 'AI 친구'를 5000개 발행하고, 10초 만에 완판시킨 적이 있습니다. 중국의 밸런타인데이라 할 수 있는 칠석절을 기념하기 위해 네 가지 종류(동양인 남성 1200개, 동양인 여성 2000개, 서양인 남성 800개, 서양인 여성 1000개)의 AI 이성친구 5,000개를 NFT로 판매한 것이죠. 5,000개의 NFT는 의상부터 표정, 자세, 외모까지 모두 다른 스타일로 만들어졌습니다.

확장성 때문에 NFT 비즈니스는 콜렉터블 시장에 진출할 수밖에 없습니다. 이미 카드 수집이라는 사례가 있는 스포츠 시장이 가장 좋은 NFT 시장이 될 것입니다. 그리고 웹툰이나 연예인 등 글로벌 IP를 기반으로 한 NFT 수집 시장도 생길 가능성이 높죠. 가상 인간 NFT는 스타뿐 아니라 나만의 친구라는 콘셉트로도 NFT 수집 시장을 만들 수 있습니다.

전 세계적으로 인기를 끌만 한 IP의 대부분은 NFT 비즈니스를 고려할 수밖에 없습니다. 그렇기 때문에 성공하기 위해서는 세심한 고민이 필요합니다. 지금으로선 그저 유명한 IP라면 어느 정도 팔릴 것입니다. 그러나 점점 비슷한 프로젝트가 많아질수록 '그 NFT를 가지면 어떤 가치가 생길 것인 것?'가 NFT 구매의 핵심 유인이 될 것입니다. NFT에 붙일 가치를 생각하면서 NFT 콜렉터블 비즈니스에 접근해야 합니다.

최근 드라마, 영화, 예능 등이 론칭될 때, NFT 발행에 대해 진지하게 고민하는 경향이 생겼습니다. 아무래도 넷플릭스 등을 통해 히트하면 세계적으로 인기를 얻을 수 있으니, IP를 NFT와 연결시키기 위해 미리 준비하는 것인데요. 아직 특별한 성공 모델이 없기 때문에 활발하다고 할 수는 없습니다. 하지만 좋은 IP와 그에 적합한 기획만 있다면, 콜렉터블 NFT로서 콘텐츠와 연결되는 NFT는 나쁠 것이 없습니다. 충분히 시도해 볼 만한 일인 것이죠.

06

BUSINESS 3

가상 세계의
굿즈, 아이템
그리고 자산

NFT의 최종 방향성

현재로서는 NFT 자체의 사용성이 없기 때문에 현실의 혜택이나 커뮤니티와 결부하여 가치를 추동하고 있지만, 이것은 NFT의 최종 방향성이 아닙니다. NFT의 미래는 NFT가 그 자체로 가치를 가지도록 하는 데 있습니다. 디지털 세계, 메타버스 세계에서 NFT는 가상 자산으로 기능하고, 그 안에서 충분한 사용성을 가지게 됩니다. 예를 들어 메타버스 안에서 NFT로 콘텐츠 소유권이 증명된 옷을 가지고 있다고 생각해 봅시다. 평소에는 그 옷을 입다가 필요하면 그것을 담보로 설정하여 돈을 빌릴 수도 있고, 중고 거래를 할 수도 있습니다. 자산을 언제든 돈으로 교환할 수 있고, 가치를 매길 수 있는 것이라 정의한다면, 이제 디지털 가상 자산과 현실 자산의 구분은 더 이상 의미 없는 셈입니다.

2021년 Connect 2021을 통해 페이스북은 메타버스에서 NFT 상품을 거래하는
미래를 발표했다 [17]

자료: 메타(페이스북) 공식 유튜브 캡처

메타버스가 발달하여 우리의 일과 여가가 메타버스 내에서 많이 이루
어지게 될수록 NFT 사용성이 증가할 것이고, 그만큼 자산으로서 가치를
가지게 될 것입니다. 그렇기 때문에 NFT 비즈니스의 최종 미래도 디지털
세계에서 가상 자산을 만들고, 거래하는 것이 될 것입니다.

지금도 게임 아이템 등은 온라인상에서 거래되기도 합니다. 단순 거래를
넘어 큰돈이 되기도 하지만 이것은 NFT로 거래되는 것과는 큰 차이가 있습
니다. 예능 프로그램에 출연한 한 방송인이 이런 에피소드를 말한 적이 있
습니다. 게임에서 자신이 가진 비싼 아이템을 다른 사람에게 잠깐 빌려주
었는데, 그 사람이 빌려준 아이템을 가지고 로그아웃을 했다고 말입니다.
게임 개발사에 하소연했지만 해킹 당한 것이 아니라 직접 건넨 것이기 때
문에 어떠한 조치도 불가능하다는 답변을 들었다고 하죠. 게임 아이템은
소유권 증명이 불가능하기 때문에 일어나는 현상입니다.

누군가 돈을 주우면 그냥 가져가서 사용할 수 있지만, 집문서를 주웠다고 해서 그 집을 소유할 수 있는 것은 아니잖아요. 이것이 소유권 증명이 있는 것과 없는 것의 차이입니다. 게임 아이템이 NFT화된다면 소유권이 증명되면서 아이템 도둑질 문제 등은 바로 해결할 수 있습니다.

소유권 증명이 되는 아이템 거래는 신뢰도가 높아지기 때문에 보다 활발한 거래가 일어나도록 유도할 수도 있습니다. 그리고 아이템이 NFT화되면 해당 플랫폼에서만 거래할 수 있는 것이 아니라 모든 NFT 거래 플랫폼에서 거래할 수 있습니다. 이 역시 거래 활성화에 도움이 됩니다.

NFT로 거래되는 메타버스 부동산

얼마 전 한국의 대표적인 메타버스 프로젝트 '더마르스(The Mars)'의 커뮤니티 행사인 Martian's Day에 다녀온 적이 있습니다. 이때 이 행사 참가자를 대상으로 경품 추첨을 했는데, 1등 상품이 더마르스 플랫폼의 랜드 소유권이었습니다. 1등에 당첨된 사람은 정말 감격스러워했고, 안 된 사람들은 아쉬워했죠. 여기서 재미있는 사실이 있습니다. 실제로는 당첨된 사람에게 전달된 물건이나 지급된 비용이 있지는 않았다는 것입니다. 단지 앞으로 열릴 메타버스 내의 땅을 일부 주겠다는 약속이었는데, 그 약속 하나에 경품 추첨장은 복권 추첨장과 같은 희망과 실망이 교차하는 자리가 되었습니다.

메타버스 내의 땅, 그러니까 부동산은 본격적인 메타버스가 시작되지 않은 지금도 꽤 활발하게 거래되는 가상 자산입니다. 그중에서도 디센트럴랜드(Decentraland)나 더샌드박스(The Sandbox)의 부동산 거래는 종종 뉴스에 등장할 만큼 충격을 주는 가격이기도 했습니다. 디센트럴랜드와 더샌드박스의 부동산은 NFT로 거래되고 있기 때문에 해당 플랫폼뿐만 아니라 오픈씨(OpenSea)나 레어러블 등 일반적인 NFT 거래소에서도 활발히 거래되는 품목입니다.

해당 플랫폼에서 부동산을 구매한 후 쇼룸이나 영업점을 짓는 기업도 많습니다. 영국계 다국적 은행 HSBC는 더샌드박스에 가상 토지를 매입했고, 글로벌 투자은행 J.P.모건(J.P. Morgan)도 디센트럴랜드 메타주크몰의 '랜드'를 매입해 가상 지점 '오닉스 라운지(Onyx Lounge)'를 운영하고 있습니다. 한국 기업 중에는 삼성전자 미국 법인이 디센트럴랜드에 플래그십 스토어 '삼성837X'를 열었습니다. 뉴욕의 삼성전자 플래그십 매장을 메타버스로 그대로 옮긴 것이죠.

아무래도 기업들이 메타버스 랜드를 사면 조그만 땅 하나 사고 끝낼 수 없기 때문에 랜드 가격이 억 단위 이상으로 올라갑니다. 예를 들어 토큰스닷컴(Tokens.com)의 자회사 메타버스그룹(Metaverse Group)은 디센트럴랜드 내 패션 스트리트 구역의 116토지를 61만 8천 마나(매입 당시 시세로 약 28억 6천만 원)에 매입하기도 했습니다.

진짜 부동산도 아닌 가상 공간상의 코드일 뿐인데, 가격은 현실 부동산 못지않습니다. 메타버스에는 나의 정체성을 대변하는 아바타가 있습니다. 아바타가 있다는 것은 그 아바타가 활동하는 디지털 공간이 필요하다는 뜻입니다. 그런데 메타버스 공간은 한정되어 있으니, 결과적으로 메타버스에 사람들이 몰려오기 시작하면 공간의 가치는 오를 수밖에 없습니다. 이렇게 보면 디지털상의 자산이지만 작동 원리는 현실의 자산과 똑같은 셈입니다.

메타버스 부동산은 메타버스에 등장할 여러 자산 중 가장 가치가 오를

것으로 예상되는 자산입니다. 그래서 아직 본격적으로 메타버스 플랫폼
들이 열리지 않은 상황에서도 가치가 계속 오르고 있죠. 메타버스의 땅
은 디지털 자산의 가장 대표적인 예라고 할 수 있습니다. 그래서일까요?
우리나라의 부동산 대학원에서는 디벨로퍼(Developer)*의 관점으로 메
타버스 부동산에 상당한 관심을 가지고 강의가 이루어지고 있기도 합
니다.

건국대 부동산 대학원 테크포럼 세미나에서 이루어진 NFT 강연

---

*디벨로퍼 땅 매입부터 기획, 설계, 마케팅, 사후 관리까지 총괄하는 부동산 개발업자

의류나 패션 관련 NFT 비즈니스

디지털 공간에서 자산 가치가 가장 높을 것으로 예상되는 것은 부동산이지만, 가장 많은 거래와 판매가 일어날 것으로 예상되는 것은 패션 관련 굿즈입니다. 옷, 신발, 안경, 팔찌, 장신구 등 말이죠. 디지털 공간에서 생활할 때 나를 대변하는 것이 아바타인 만큼 아무래도 아바타의 꾸밈에 신경을 쓸 수밖에 없죠. 구매했을 때 가장 직관적으로 만족도가 높은 아이템은 아바타를 꾸미는 패션 상품이란 의미입니다. 실제로 메타버스 열풍 초창기에 일어난 상징적인 사건 중 하나가 로블록스에서 팔았던 한정판 디오니소스 구찌 가방이 리셀 마켓에서 약 465만 원에 팔렸던 일[18]이었습니다. 현실 상품과 전혀 관계없는, 아바타가 들고 다니는 구찌 가방이었을 뿐인데 말입니다. 그래서 NFT 관련 비즈니스를 전개하는 기업 중에는 패션 관련 기업이 많습니다.

명품 브랜드들은 대부분 NFT 관련 사업에 참여하고 있고, 운동화나 스포츠 패션을 만드는 대표적인 브랜드인 나이키나 아디다스의 경우도 메타버스나 NFT에 굉장히 진지하게 접근하고 있습니다. 예를 들어 나이키는 메타버스인 로블록스에 '나이키랜드'라는 체험관을 만들어 놓고, 방문하는 아바타들이 나이키 신발을 신고 놀 수 있도록 했습니다. 그리고 NFT 프로젝트인 BAYC의 원숭이를 사서 나이키 광고에 등장시키기도 했죠. 이어 2021년 말 NFT 스튜디오 'RTFKT'를 인수하고, 2022년 4월 'RTFKT x Nike Dunk Genesis CRYPTOKICKS'를 공개했습니다. 이는 NFT로 만들어진 가상 운동화로, 메타버스에서 사용하도록 설계된 디지털 웨어러블 아이템입니다. 말은 그럴듯하지만 현실 사용성은 전혀 없고, 언젠가 나이키가 메타버스를 만들면 아바타가 신을 수 있는 운동화란 것이죠. 그렇다는 이야기는 지금은 현실과 아무런 연동성 없이 순수한 디지털 굿즈에 불과하다는 말입니다. 이 운동화의 가격은 발행한 지 얼마 되지 않아 900만 원까지 치솟았다가 400~500만 원대로 하락한 상태입니다. 현실에 존재하지도 않는 운동화의 하락한 가격이 이 정도입니다.

NFT 운동화는 나이키가 구축하는 메타버스의 입장권이지만, 이 역시 디지털 안에서만 존재하는 혜택입니다. 이는 메타버스 활성화와 연결될 수밖에 없는데요. 메타버스 세계가 보편화되면 우리는 일상생활을 하듯이 메타버스에서 많은 시간을 보내게 되고, 당연히 그 세계 안에서 필요한 물건을 사게 될 것입니다. 그것들은 곧 메타버스 안에서의 자산이 될 것이고요. NFT가 자산이 될 수 있는 이유는 실제 메타버스에서 생활을 영위할 때 필요한 것들이 NFT화되기 때문입니다. 즉, 범용적인 사용성이 생기는 것이죠.

빅블러(Big Blur)에 적응해야 한다

여기서 주목할 것은 나이키의 산업 정체성입니다. 나이키는 제조업을 하는 회사입니다. 하지만 NFT 운동화 만들어 팔 때는 공장을 돌리지도 않고, 유통망을 가동하지도 않습니다. 디지털 상품일 뿐이니까요. 이쯤 되면 적어도 NFT 운동화를 팔 때의 나이키는 제조업이 아닌 IT업이라고 분류해야 되지 않을까요?

브랜드를 가진 기업들은 자신의 브랜드를 이용한 디지털 세계의 굿즈를 발행해서 IT 산업으로 진출해야 합니다. 나이키가 디지털 운동화를 만들어 팔듯이 결국 디지털 세계의 물건을 팔아야 하는 것이죠. 여기까지 오면 산업의 구분은 무의미해집니다. '우리는 제조업이기 때문에 IT업은 절대 못해.'라는 말은 이제 성립되지 않습니다. 브랜드와 연속성, 비전만 있다면 굳이 산업을 구분할 필요가 없습니다. M&A를 통해 필요한 기술을 장착하고 비즈니스를 확장한다면 전문 분야가 아니라고 외면하지 않아도 됩니다.

하워드 슐츠 스타벅스 CEO는 2022년 5월 타운홀 미팅 파트너 오픈 포럼(Partner Open Forums)에서 'NFT 플랫폼을 만들거나 혹은 NFT 사업을 하려는 기업, 브랜드, 유명 인사, 인플루언서 등을 봐도 스타벅스만큼 보물 같은 자산을 가지고 있는 곳은 찾을 수 없었다.'고 말했습니다. 그러면서 2022년 말 스타벅스가 NFT 사업을 전개할 것이라고 말했는데요. 아마 스타벅스 브랜드를 이용하여 디지털 굿즈를 파는 것이 스타벅스가 NFT 비즈니스를 하는 일차적인 방법이 될 것입니다.

스타벅스 오디세이 [19)]
미국 스타벅스 리워드 회원 및 스타벅스 파트너에게 제공하는 NFT
자료: 스타벅스 공식 홈페이지

스타벅스의 구상이 현실화되면 스타벅스는 식음료 회사가 아닌 IT 회사가 됩니다. 흔히 이야기하는 산업 간의 경계가 흐려지는 빅블러(Big Blur) 현상이 나타나게 되는 것이죠. 기업 입장에서 자사의 브랜드를 활용하는 NFT 비즈니스는 아주 매력적이고 확장성 있는 비즈니스가 될 수밖에 없습니다. 디지털 굿즈는 제조하는 것보다 인지도를 높이는 데 더 많은 비용이 들지만, 이미 브랜드를 가진 회사가 시도한다면 마진율이 상당히 높을 수밖에 없으니까요.

NFT로 구현되는 P2E 게임

전통적인 게임에서도 아이템 거래는 NFT화되고 있습니다. 앞서 말한 P2E 게임, 기억하나요? Play to Earn의 약자인 P2E는 게임을 하면서 돈을 번다는 뜻을 가지고 있습니다. 이것이 어떻게 가능할까요?

P2E가 가능한 것은 NFT가 만들어졌기 때문입니다. 게임은 일반적으로 전투를 하거나 미션을 수행하면 보상이나 아이템을 받는 방식으로 이루어졌습니다. 하지만 그렇게 얻은 보상이나 아이템은 게임 안에서나 의미가 있지 게임 밖에서는 가치가 없었습니다. 물론 게임 안에서의 사용성이 좋다면 외부에서 아이템이 거래되는 경우가 가끔 있었습니다. NC소프트의 게임 '리니지(Lineage)'의 집행검 등과 같은 아이템은 강화가 완성되면 무려 3~18억 원까지 호가가 형성되기도 합니다.

하지만 이런 거래들은 매우 특별한 상황이며, 정식으로 이루어지는 것이 아니기 때문에 언제든 사고가 날 가능성이 다분합니다. 집행검을 양도받은 사람이 그냥 도망가거나, 입금 받은 사람이 양도를 안 하면 법적이나 제도적으로 보호받기 어렵습니다.

하지만 NFT 기술이 등장하면서 가상 자산이라는 개념도 등장하게 됩니다. 집행검과 같은 희귀한 아이템뿐만 아니라 게임 내 아바타, 아이템, 영토 등과 같이 소유한 모든 것에 가치가 생기게 됩니다. 그리고 자산이 있기 때문에 이를 근거로 경제 행위도 일어나게 됩니다. 전투를 통해 획득한 아이템에 가치가 있으니 전투를 자주 하여 많은 아이템을 얻는 것이 곧 경제 행위가 되는 것이죠. 기존의 게임은 아무리 아이템을 모아도 자신의 게임 캐릭터를 강하게 해줄 뿐, 경제적 이득과 상관없었습니다. 오직 게임의 '승리'만이 보상으로 주어졌었죠. 그런데 게임 안에서 모은 아이템이 자산이 되고, 그것을 '현실의 금전'으로 바꿀 수 있게 되니, 게임을 하는 것이 돈을 버는 행위가 될 수 있는 것이죠.

한국에서 P2E 게임의 경쟁력이 떨어졌던 이유

P2E 게임은 2021년 베트남 스타트업인 스카이마비스(Sky Mais)의 '엑시 인피니티'와 한국 게임업체인 위메이드(WEMADE)의 '미르4'로 처음 알려집니다. 그 이후 많은 P2E 게임이 론칭되었거나 개발되고 있습니다.

P2E 게임에서 유저들이 돈을 버는 방법은 보통 세 가지입니다. 미션을 수행해 아이템을 모으거나, 대결에서 이겨 보상을 얻거나, 또는 NFT화된 유니크한 캐릭터를 생산해 그것을 팝니다. 예를 들어 '엑시 인피니티'의 경우 게임에 참여하려면 '엑시'라고 불리는 캐릭터를 구입해야만 플레이가 가능하게끔 설계되어 있습니다. 총 세 마리가 필요한데, 유저가 보유하고 있는 엑시는 일정한 조건을 만족시키면 교배할 수 있고, 이를 통해 NFT화된 새로운 엑시를 생산할 수 있습니다. 이 엑시를 NFT 마켓에서 팔면 돈을 얻을 수 있죠. 이 게임을 하려고 들어오는 신규 유저들은 엑시가 필요하기 때문에 NFT 마켓에서 엑시를 사게 되는 것이고요. 지금까지 나온 P2E 게임은 대부분 이 세 가지 방법 중에 하나, 혹은 여러 개를

구현하고 있습니다.

최근 새로 론칭된 P2E 게임도 많아졌고, 그리고 많은 게임 사가 P2E 게임을 개발하고 있습니다. 그럼에도 불구하고 생각보다 P2E 게임에 대한 관심과 흥미는 떨어지는 편입니다. 그 이유는 크게 세 가지인데, 첫 번째는 P2E 게임으로 벌 수 있는 돈이 생각보다 크지 않다는 것입니다. 전 세계에서 가장 활성화된 엑시 인피니티의 경우 수익성이 좋았을 때를 기준으로, 하루 8시간 정도 전업으로 게임할 경우 최대 200만 원까지 벌 수 있었습니다. 이 정도라면 어느 정도 생활 수준이 되는 나라의 사람들이 전업으로 뛰어들기에는 충분치 않은 돈이죠. 그래서 동남아나 남미 등 한 달 월급이 그렇게 높지 않은 지역의 유저가 많았습니다. 그런데 이것도 가장 수익성이 좋은 엑시 인피티니의 경우고, 미르4는 약 40~45만 원 정도였다고 하니 게임에 많은 시간을 투자해 먹고 살 수는 없다는 뜻이죠. 그래서 '게임성'이라는 말이 부각된 것입니다. 돈을 벌기 위해 게임한다는 개념보다 '게임이 재미있어서 하는데, 돈까지 벌어서 좋다.'는 식으로 되어야 하는 것이죠.

두 번째 이유는 역시 크립토 겨울입니다. P2E 게임은 대부분 블록체인 상에서 구현되기 때문에 게임의 대가로 받는 것이 해당 체인의 암호화폐입니다. 크립토 겨울로 인해 암호화폐의 가치가 떨어지자 하는 일은 똑같은데 월급이 갑자기 1/3, 1/5로 줄어버린 것과 마찬가지인 상황이 되었습니다. 아무래도 게임에 집중할 동력이 떨어지게 됩니다.

그런데 겨울이라는 말은 어차피 다시 올 봄을 기다리는 기간이라서, 잠깐 크립토 겨울이 되었다고 큰 대세에 지장을 받는 것은 아닙니다. 진짜 문제가 되는 세 번째 이유는 한국에서 게임으로 돈을 버는 것이 법적으로 금지되어 있다는 점입니다. 한국에서 P2E 게임은 불법입니다. 한국 업체가 서비스하는 '미르4'조차도, 한국 서버로는 접속할 수 없고 '미르4 글로벌'에 우회하여 접속해야 P2E 게임이 가능합니다. P2E 게임 자체가 한국 정식 서비스가 아니다 보니 언어적 장벽도 있고, 여러 가지 불편한 점들이 많습니다. 수입이 괜찮으면 그런 불편함을 감수하고 열심히 할 텐데, 아직까지 만족할 만한 수입을 보장하는 P2E 게임은 눈에 띄지 않습니다. 게임 사 역시 불법인 게임의 유저를 모으기 위해서 광고를 하거나 마케팅을 할 수 없습니다. 그래서 한국 게임 사는 자사의 P2E 게임을 정작 한국인에게 서비스하지 못하고, 외국인에게만 서비스하는 웃지 못할 상황이 벌어지고 있습니다.

게임이 재미있어서 게임을 하는데, 이를 통해 돈까지 벌 수 있다면 당연히 P2W 게임보다는 P2E 게임을 할 것입니다. 앞으로는 P2E 게임이 대세가 될 수밖에 없는 상황인데 한국 정부의 대응은 아쉬운 점이 있죠.

메타버스에서 만나는 NFT

게임 아이템이나 캐릭터 등은 그 게임 안에서만 의미를 가집니다. 그러나 게임 공간이 메타버스와 연결된다면 보다 확장된 사용이 가능합니다. 사실 지금의 게임들도 미션을 수행하면서 커뮤니케이션이 필요한 경우가 많기 때문에 서로 연결되어 게임하다 보면 커뮤니티가 형성되거나 친목회로 발전하기도 합니다. 만약 게임 안에서 하는 커뮤니케이션이 미션과 관련된 것만 있다면 커뮤니티는 확장적으로 발전하지 않습니다. 그런데 게임이 메타버스로 확장되어 여러 사회 활동이나 새로운 경제적 관계가 가능한 공간이 된다면 어떨까요? 그 안에서의 아이템이나 캐릭터는 보다 다양하고 깊은 의미를 가지게 됩니다. 그 안에서 일어난 사회적 관계가 친목에만 머무르지 않고, 새로운 경제 활동을 창출할 수도 있겠죠. 그래서 게임 사들은 게임을 메타버스로 확장하기 위해 저마다 출사표를 던지고 있습니다.

게임이 메타버스로 연결되든, 혹은 게임 그 자체가 메타버스든, 혹은 게임과 단절된 메타버스 공간이든. 어떤 형태라 할지라도 그 안에서 사용되는 아이템, 공간, 굿즈, 가상화폐 등은 모두 디지털 자산이 될 수 있고, NFT와 연계될 수 있습니다. 더불어 아바타 역시 거래 대상이 될 수 있습니다. 지금의 아바타는 플랫폼에서 정해준 템플릿이 있기 때문에 천편일률적이지만, 미래엔 플랫폼 간에 통용될 수 있는 '메타 아바타'가 나올 수도 있습니다. 어떤 메타버스나 디지털 공간이더라도 자신의 정체성을 일관되게 유지할 수 있겠죠. 그렇다면 자신의 개성을 담은 맞춤형 아바타를 제작해 NFT화하고, 하나의 아바타로 여러 메타버스에 입장할 수 있습니다.

디지털 공간에서 일도 하고, 휴식도 하고, 친구들과 커뮤니케이션하게 된다면 디지털 공간에서 필요한 여러 가지 물건은 모두 자산이 될 수 있습니다. 그 자산의 증명은 NFT가 하는 것이고요. 그래서 인류의 미래가 디지털에 있다고 보면 NFT는 우리의 미래 경제 활동을 담보하는 토대가 됩니다.

게임 사 컴투스가 개발하는 메타버스 플랫폼 컴투버스(COM2VERSE) [20]
자료: 컴투스 공식 웹사이트 캡처

지금은 초창기라 현실 사용성과 NFT를 연결시키는 것이 우선이지만, 앞으로는 디지털 사용성만으로도 NFT의 가치는 충분히 보장될 것이고, 비즈니스적 의미를 가지게 될 것입니다. 그래서 브랜드가 탄탄한 기업은 선제적으로 디지털 세계 안에서만 사용성이 있는 디지털 굿즈를 NFT로 출시하고 있는데요. 이런 경험과 선제적인 브랜드 빌드 업은 디지털 미래가 다가올수록 넘사벽의 차이를 구축하는 토대가 될 것입니다.

NFT의 주 기능은 디지털 소유권 증명이므로 디지털상에 가장 큰 가치를 발휘합니다. 그런데 디지털상에서 거래가 일어나고, 자산이 이동할 수 있다는 이야기는 시공간을 초월해서 비즈니스를 할 수 있다는 이야기와 같습니다. 말하자면 국가와 언어의 경계를 초월한 비즈니스가 일어난다는 것이죠. 아마존에서 물건을 사면 한국에서 그 물건을 받기까지 시간이 걸릴 수밖에 없는데, 넷플릭스에서 결제하면 바로 콘텐츠를 볼 수 있잖아요.

디지털 자산이 NFT화되어서 영상이나 음악, 그림 파일 외에도 다양한 것들이 디지털 자산화되고 거래 대상이 되면, 메타버스의 경제 규모는 상상 이상이 됩니다. 기본적으로 국가를 초월한 글로벌 비즈니스니까요. 그래서 NFT는 디지털 사용성이라는 방향성을 가지고 나아갈 수밖에 없고, 미래를 준비하는 입장에서는 디지털 사용성이 큰 굿즈나 아이템을 찾아 선점하려는 노력이 필요하겠습니다. 이미 브랜드를 가진 사람이라면 그 브랜드를 메타버스나 디지털 세계 안으로 무리 없이 접목하려는 초기의 노력이 필요할 것입니다.

07

BUSINESS 4

NFT
거래소와 보증서 개념

돈이 몰렸던 NFT 거래소

미국의 서부 개척 시절! 서부에 금이 나온다는 소문은 많은 사람들을 서부로 이끌었습니다. 골드러시라고 하죠. 하지만 금을 찾아서 돈을 번 사람은 극소수였고, 금을 찾았다 하더라도 일회성으로 끝나는 경우가 많았죠. 실제로 그때 돈을 번 사람들은, 금을 찾으러 가는 사람들에게 숙소와 교통편, 옷가지를 제공한 사람들이었습니다. 숙소를 제공한 사람은 힐튼 호텔을 차렸고, 역마차를 운영하던 웰스파고(Wells Fargo)는 미국의 4대 은행이 되었죠. 당시 은행 업무도 같이 했거든요. 광부의 바지를 만들던 사람은 지금의 리바이스를 세웁니다. 결국 골드러시로 인해 진짜 돈을 번 사람은, 광부가 아니라 그들에게 도구와 환경을 제공했던 비즈니스맨입니다.

마찬가지로, NFT 러시 시대에서 성공하는 기업은 소프트웨어나 플랫폼 업체일 수 있습니다. 그중에서 가장 유력한 것이 바로 NFT 마켓플레이스입니다. NFT 마켓플레이스는 NFT가 거래되는 곳입니다. NFT가 디지털 세계의 물건이니까, NFT 마켓플레이스는 그야말로 디지털 물건을 사고파는 시장인 셈이죠. NFT 마켓플레이스로 가장 유명한 곳은 오픈씨입니다. 2021년 전 세계 NFT 거래 중 95%가 오픈씨에서 일어났습니다. 이 플랫폼에서 2021년 1월 한 달 동안 36억 5천만 달러의 거래가 발생했어요. 4조 원이 넘는 돈이 한 달 사이에 거래된 겁니다. 2022년 1월 오픈씨의 회사 가치는 133억 달러라는 높은 평가를 받았습니다. 하지만 오픈씨의 가장 큰 문제는 2.5%나 되는 수수료입니다. 또, 거의 독점 플랫폼이다 보니 서비스나 기능은 유저의 눈높이에 맞지 않았습니다.

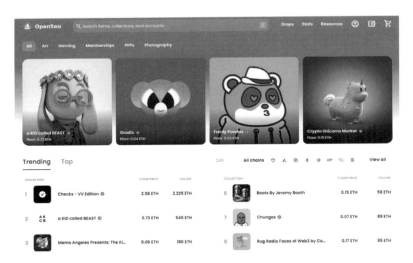

글로벌 NFT 마켓플레이스 오픈씨의 시작 화면 [21]
자료: 오픈씨 공식 웹사이트 캡처

높은 수수료에도 불구하고 오픈씨에 수많은 NFT들이 올라오고 거래되었습니다. 그러던 중 2022년 초 '레어러블'은 플랫폼을 론칭하며, 자체 토큰 경제 시스템을 구축하게 됩니다. 거래를 하면 그에 따른 보상을 주었습니다. 이로 인해 NFT 거래가 급격하게 몰려 현재는 NFT 마켓플레이스의 양대 산맥이라고 할 만한 위치가 되었죠.

다양한 형태의 NFT 마켓플레이스

NFT 마켓플레이스는 NFT 거래소이자, 플랫폼 역할을 할 것으로 기대됩니다. 그래서 많은 기업이 눈독 들이는 사업 중 하나입니다. 한국만 해도 메타버스나 NFT, 암호화폐에 관심 있는 기업들은 대부분 NFT 마켓플레이스 플랫폼을 만들려는 계획을 가지고 있습니다. 이미 실제로 만들어지기도 했죠. 메타갤럭시아, 업비트 NFT(UPbit NFT), 클레이튼(Klaytn) 등이 있습니다.

메타갤럭시아의 시작 화면 [22]
자료: 메타갤럭시아 공식 웹사이트 캡처

업비트 NFT의 시작 화면 [23]
자료: 업비트 NFT 공식 웹사이트 캡처

하지만 NFT 마켓플레이스는 특정한 몇 개의 플랫폼으로만 그칠 것 같지는 않습니다. NFT를 거래하는 기업이라면, 자사의 NFT를 거래하는 플랫폼을 소유하면서 NFT 마켓플레이스를 함께 구현하려 합니다. 비유해 보자면 지금 여러 NFT가 거래되는 NFT 마켓플레이스는 마치 쿠팡이나 G마켓 같은 커머스 역할을 하는 것이죠. 여러 카테고리의 상품들이 경쟁적으로 들어와 종합적으로 판매되는 공간입니다. 기업들은 NFT 마켓플레이스에 자신의 상품을 공급해, 물건 판매를 대행하겠죠. 대형마트에 자신의 물건을 유통하는 것과 비슷합니다.

반면 개별 기업의 NFT 마켓플레이스는 기업의 자사 쇼핑몰 같은 것입니다. 각 기업들의 상품을 전문적으로 파는 몰이죠. 얼마 전 화장품을 살 일이 있어서 쿠팡을 보다가, 혹시나 해서 해당 제품 직영 인터넷 몰을 들어가 봤는데요. 거기에선 20% 정도 더 싸게 팔고 있어서 바로 구매했던 적이 있습니다. 개별 기업의 NFT 마켓플레이스란 바로 이런 경우를 말합니다.

지금도 여러 기업에서 거대 유통 채널에 자신의 물건을 공급하는 방식과 자사에서 직접 판매하는 방식, 두 가지를 병행하는 경우가 많죠. 작은 기업의 경우 거대 유통 채널에 물건을 공급만 하는 경우도 많습니다. 오프라인으로 유통망을 구축하거나 판매처를 만들고 유지하는 것에는 비용과 시간, 노력이 많이 들어가기 때문이죠.

그런데 디지털상에서 디지털 자산을 유통하고 판매하는 것은 큰 비용과 노력이 들어가지 않습니다. 그래서 NFT 판매는 대형 플랫폼에 들어가는 방식과 자사 몰이 따로 존재하는 방식이 공존하게 될 가능성이 많아요.

그리고 개별 기업의 NFT 마켓플레이스가 생길 수밖에 없는 또 하나의 이유는, 메타버스로 자신들의 플랫폼을 오픈할 때, 대부분 메타버스에서 사용되는 NFT의 거래 장소를 그 안에 구축해 놓기 때문이죠. 메타버스 유저들의 거래 편의성 면에서도 그렇고, 무엇보다 거래 수수료를 다른 플랫폼에 줄 필요가 없으니까요. 그러나 NFT 거래 시 자신의 메타버스 안에서만 쓰이는 NFT만 거래하게 될 것 같지는 않습니다. NFT의 특성상 체인만 공유한다면 어디에 내놓아도 괜찮으니까, 다른 NFT도 거래할 수 있도록 기능을 열어 놓겠죠. 개별 기업들의 NFT 마켓플레이스도 종합적인 NFT 마켓플레이스를 지향한다고 할 수 있습니다. 나중에는 양극화 현상이 나타나면서, 잘 되는 곳에 몰리는 식으로 재편될 수밖에 없겠죠.

심지어 인스타그램에서 NFT 마켓플레이스를 열겠다는 메타 CEO 마크 저커버그(Mark Zuckerberg)의 포부도 발표된 바 있습니다. 이에 대해 도이체방크(Deutsche Bank)*는 인스타그램에서 NFT 마켓플레이스가 열린다면 연간 약 10조 원대의 수익을 올릴 수 있다는 예상[24]을 내놓기도 했습니다.

앞으로는 네이버 스마트스토어처럼 개인의 거래를 도와주는 NFT 마켓플레이스 플랫폼 지원 툴이 등장할 것입니다. 그렇다면 기업이 아닌, 개인도 스스로 NFT를 유통할 수 있게 됩니다. 현실의 물건이 아니니, 배송이나 재고 관리의 부담도 없죠. 오픈씨 같은 NFT 마켓플레이스가 개인의 공간을 하나씩 마련해 주면서 비슷한 역할을 하고 있지만, 네이버처럼 큐레이션이나 홍보 면에서 도움을 주는 것이 없어서, 아직은 스마트스토어 같은 개인 커머스 지원 플랫폼이 제대로 나와 있다고 보기 어렵습니다.

---

*도이체방크 독일 최대 은행이자 세계적인 투자사

NFT 마켓플레이스 비즈니스의 핵심

이런 상황에서 NFT 마켓플레이스 비즈니스의 핵심은 유저 확보입니다. 결국 사람들을 많이 끌어올 수 있는 킬러 NFT 콘텐츠를 가지고 있으면 마켓플레이스가 어느 정도 돌아갈 것이고, 그 후에는 다른 사람의 콘텐츠를 얼마나 더 가져오느냐가 관건이 됩니다.

물건이 많고 거래가 많아야 하는데, 그렇게 되려면 유저 수가 많고 그들의 NFT 거래가 활발해야 합니다. 수수료 감면, 토큰 이코노미로 구축되는 보상 시스템 등이 필요하고, 팔려고 내놓은 NFT가 사려는 사람과 잘 매칭되는 추천 시스템이 핵심이 될 수 있습니다. 오픈씨는 찾고자 하는 NFT를 제대로 찾기 힘든 구조입니다. 스펠링을 정확하게 입력하지 않으면 검색도 잘되지 않죠. 이런 상황에서 자신의 취향에 맞는 NFT와 연결되고, 추천으로 구매가 일어날 확률은 매우 낮습니다. 즉, AI에 의해 취향 추천 알고리즘이 짜인 NFT 마켓플레이스가 필요한 시점입니다.

기존의 기업은 NFT 마켓플레이스와 연결하기 위해 이미 가지고 있는 공간을 잘 활용하는 것도 좋은 방법입니다. 스타벅스 코리아에 강연을 갔을 때, 스타벅스 매장을 NFT 갤러리로 만들 것을 제안했는데요. 그 안에서 거래가 일어날 때, 할인이나 음료 증정 등의 혜택을 제공해서 온-오프라인을 믹스한 NFT 마켓플레이스를 구축해야 사람들을 모을 수 있다는 이야기였습니다. 이는 공간을 운영하는 모든 CEO들에게도 똑같이 제안하는 사항입니다.

보증서 개념

동네 중고 거래 플랫폼인 '당근마켓'에서 거래를 할 때 굉장히 곤란한 상품 중 하나가 명품입니다. 흔히 얘기하는 S급 짝퉁 가방의 경우, 일반인은 구별이 불가능합니다. 사실 진짜 S급은 해당 매장에서 근무하는 직원조차도 구분하기 어렵다는 얘기가 전설처럼 떠돌 정도로, 가품을 만들어 내는 기술이 발달해 있거든요. 그래서 명품만큼은 중고 거래도 전문 기업을 이용하고 있죠. 이용자 입장에서는 중고를 구매할 때도, 그에 해당하는 서비스 비용이 상당히 들어가는 셈입니다.

만일 명품에 NFT가 붙으면 어떨까요? 보증서 역할을 톡톡히 하게 됩니다. 가방을 살 때 해당 가방의 NFT 파일을 같이 건네게 되는데, 파일에는 구매자의 이력이 다 적혀 있거든요. 물론 새로 손바뀜이 일어나면 새로운 구매자의 이름도 블록체인상에 기록되어 NFT의 히스토리에 남습니다. 중고 거래에서 신뢰를 획득하게 되는 것입니다.

명품 중고 거래가 신뢰 속에서 이뤄진다면 지금보다 활발한 거래가 이루어지게 되고, 리셀 시장이 활성화될 수 있습니다. 또한 해당 브랜드에 대한 신뢰감 자체가 올라가겠죠. 그래서 명품업체들은 일찍이 NFT에 적극적인 움직임을 보였습니다. 2022년 2월 이탈리아 명품 브랜드 불가리는 미국 특허 상표 등록청(USPTO)에 'NFT 상표 출원' 신청을 냈습니다. 상표 출원 신청서에는 NFT와 연결된 디지털 코드, 태그, 칩이 포함된 시계·보석·핸드백 등도 포함됐는데요. NFT 기술을 자사 제품 인증에 활용하겠다는 이야기입니다.

루이비통, 구찌, 버버리, 지미추, 돌체앤가바나 같은 명품 업체들도 앞다투어 NFT 상표 등록을 내고, 관련 상품 및 게임, 메타버스를 구축하면서 적극적인 행보를 보이고 있습니다.

루이비통의 마스코트
비비엔(Vivienne)을 활용한
루이비통의 NFT 게임 [25]
자료: 루이비통 공식 트위터

　명품업체들은 NFT를 활용해서 디지털 굿즈를 팔겠다는 계획을 가지고 있습니다. 사실 디지털 세계에서 굿즈는 브랜드가 중요합니다. 명품의 핵심은 결국 브랜드 판매니까 잘 어울리는 조합인 셈입니다. 2021년 모건스탠리는 2030년 명품 NFT 시장의 매출이 560억 달러에 이를 것이라는 전망을 내놓은 바 있습니다. 그리고 현실과 연결된 시장에서, 명품업체들은 NFT를 현실 제품의 보증서로 활용하려 합니다. NFT 보증을 통해 자사 브랜드에 대한 신뢰감을 구축하겠다는 두 마리 토끼 전략이죠.

　유통 과정에서 리테일업체가 NFT 보증을 활용하는 경우도 생겼습니다. 대표적으로 SSG는 2021년 8월부터 명품 디지털 보증서 'SSG 개런티' 서비스를 시작했습니다. 이용자가 구매한 명품이 정품임을 인증하는 품질 보증서인데요. 상품 정보와 구매 이력, 보증 기간, 보안 정보 등의 내용이 담겨 있습니다. 이 품질 보증서는 카카오 블록체인 계열사인 '그라운드X

(Ground X)'의 블록체인 '클레이튼'에서 NFT로 만들고, 카카오톡 안의 가상 자산 지갑인 '클립'에 보관합니다. 그러니까 자신의 스마트폰에 카카오톡만 있으면 이 NFT를 받을 수 있겠죠. 상품에 대한 보증을 SSG가 해주고, 유통 과정에 신뢰를 획득하겠다는 것이죠.

2022년 4월 패션 플랫폼 무신사와 리셀 플랫폼 크림 사이에서 벌어졌던 피어오브갓(Fear of God)의 '에센셜' 티셔츠 가품 논쟁 이후, NFT 보증 서비스의 필요성은 더더욱 커지고 있습니다. 서로 정품이라고 주장하던 (상대방 제품은 가품이라는 주장) 두 업체의 디스 전은 결국 무신사가 공식적으로 가품 판정을 받으면서 무신사의 신뢰성을 바닥에 떨어뜨려 놓았죠. 전문 업체도 가품에 속으니, 일반 소비자 입장에서는 명품에 대한 구매가 얼마나 신중해야 하는지 경각심을 일으킬 수밖에 없는 사건이었습니다.

그래서 리셀 업체는 신뢰감을 회복하기 위해 NFT 도입을 적극 검토하고 있습니다. NFT로 확실하게 보증한다는 것이죠. 그런데 리셀 업체들이 본격적으로 NFT를 도입하기 전에, 한 가지 적신호가 켜진 사건이 있었습니다. 2022년 2월에 나이키가 글로벌 스니커즈 리셀 플랫폼 스탁엑스(StockX)를 상대로 소송을 제기한 일이 있습니다. 스탁엑스에서 발행한 나이키 로고가 포함된 NFT가 상표권을 침해했다는 것이죠.

스탁엑스의 '볼트 NFT(Vault NFT)'는 보증서이자 제품의 교환권 같은 역할을 했습니다. 실제 운동화와 교환할 수 있는 NFT입니다. 정품 검증까지 완벽하게 마친 제품은 스탁엑스의 창고에 보관하고 있고, 유저들 사이의 거래는 NFT로 한다는 모델입니다. 운동화를 사고팔 때마다 계속 제품 검증센터를 왔다 갔다 하는 것보다 차라리 거래 자체를 확실하게 확인된 NFT로 하는 거죠. 실제 운동화를 신거나 보관하려는 것이 아니라,

투자 개념으로 샀다면 이런 모델이 더 나을 수 있죠. 운동화를 보관하고 관리하는 데 시간과 노력을 쓰지 않고, 그저 운동화의 소유권만 가지고 있다가, 가격이 오르면 팔면 되니까요. 누군가 NFT를 해당 운동화와 실제로 교환한다면 NFT는 소멸할 것입니다.

그런데 투자하기에 너무 좋은 구조가 형성되다 보니 100달러에 판매되었던 나이키 운동화가 800달러에서 3,500달러에 거래되기도 하는 등, 가격 거품이 일어나기 시작했습니다. 나이키 입장에서는 브랜드 평판에 악영향을 끼친다고 판단하게 된 것[26]입니다. 나이키 역시 NFT 시장에 적극적이기 때문에 자사의 비즈니스에도 좋을 것이 없다는 생각도 했겠죠. 그래서 나이키는 NFT에 사용된 나이키의 로고나 상표권을 빌미로 소송을 건 것입니다. 이 결과에 따라 앞으로 리셀이나 리테일 시장에서, 그러니까 유통사의 입장에서 제조사 상품을 NFT화하는 것이 가능할지, 아닐지가 가려질 전망입니다.

NFT 거래가 활성화되면 NFT를 거래하는 거래소 자체가 굉장히 큰 비즈니스가 될 수 있습니다. 디지털로 구축하는 것이기 때문에 보안만 잘 대처한다면 큰 비용을 들이지 않고 세울 수 있어, 치열한 경쟁이 예상됩니다. 그렇지만 이 카테고리에서 헤게모니를 잡게 되면 기하급수적으로 늘어날 NFT 거래를 책임지게 될 테니, 도전할 만한 비즈니스입니다.

명품이나 리셀 시장에서는 실제 상품에도 NFT가 붙어 있는 것이 조금 더 신뢰감을 줄 수 있거든요. 신뢰감은 활발한 거래로 돌아오게 되니, 비즈니스에 NFT를 접목시키는 다양한 방법을 시도해 보는 것이 좋겠습니다.

08

BUSINESS 5

금융권의
메타버스 대응과
디파이

보수적인 금융권이
메타버스에서는 발 빠르게 움직인 이유

보수적이기로 유명한 금융권은 메타버스에 대해 유독 빠르게 반응한 산업입니다. 메타버스에서 임원 회의를 개최하고, 신입사원 연수를 진행하고, 메타버스 내에 지점을 개설했죠. 최근에는 준비하던 플랫폼까지 오픈하기 시작했습니다.

보수적인 금융권이 메타버스에서는 발 빠르게 움직인 이유는 무엇일까요? 최근 들어 금융권은 같은 금융권끼리 경쟁을 하는 것이 아닙니다. 네이버나 카카오 같은 포털, 삼성이나 애플 같은 빅테크 기업들이 자체 페이를 만들어 은행의 기능을 상당 부분 가져가 버리기도 했고, 스타벅스 같은 F&B 기업들은 선불 충전금을 통해 고객에게 이자를 지불하지 않아도 되는 돈을 받아 쌓아 두고 있습니다. 그리고 인터넷 뱅크 등이 속속 설립되면서 핀테크(FinTech)*가 본격적으로 대중에게 실감이 되기 시작했는데요. 그들의 간편하고 직관적인 이용 방식은 전통 은행의 이용객을 더더욱 감소시키게 만들었죠.

NH농협은행의 메타버스 플랫폼 독도버스 27)
자료: 독도버스 공식 웹사이트 캡처

지금은 산업 간 경계가 희미해지는 빅블러 현상이 일반화되어 돈이 되는 분야라면 속한 산업에 상관없이 일단 뛰어드는 시대입니다. 그런 면에서 봤을 때 전통 은행권은 빅테크 기업이나 새로운 '힙'한 스타트업들과 무한 경쟁에 내몰려 있는 셈이죠. 앞으로의 고객들이라고 할 수 있는 MZ세대를 사로잡는 경쟁에서 은행권은 유리한 요소가 거의 없습니다. 플랫폼 기업은 기존 유저들을 활용할 것이고, 스타트업은 기술과 트렌드를 앞세워 기존 은행권과 경쟁하겠죠.

---

*핀테크 금융(Finance)과 기술(Technology)이 결합한 서비스, 또는 그런 서비스를 하는 회사

여기서 기존 금융권의 고민이 발생합니다. 이런 구도에서 큰 변화 없이 10~20년이 흐른다면 기존 금융권은 그야말로 고사 상태에 빠질 수도 있습니다. 그렇기 때문에 사람들을 연결하는 도구로서, 인터넷 모바일의 다음 버전으로 일컬어지는 메타버스에 관심을 가지고, 모바일에서 뒤처졌던 과거의 행보를 만회하려고 하는 것입니다. 빅블러 시대에 빅테크 기업들이 금융권에 관심을 가지듯, 금융권이 빅테크에 관심을 가지는 것이죠.

유저 성향 분석을 통한 큐레이션

물론 지나간 인터넷 뱅킹 시대에 선수를 빼앗겼다는 은행권의 후회만으로 메타버스나 디파이(DeFi)에 대해 투자하는 것은 아닙니다. 메타버스, 디파이가 가진 장점과 가능성이 있기 때문에 이 분야에 적극적인 것이죠. 지금은 데이터의 시대입니다. 누가 얼마나 양질의 데이터를 가졌느냐에 따라 효율성과 편의성이 달라질 것이며, 결국 이익의 차이를 만들어 낼 것입니다. 금융권이 메타버스에 지점을 개설해 실제 대면 창구의 역할을 대신했을 때 중요한 점은 비대면으로도 은행 업무가 가능해졌다는 편의성이 아닙니다. 물론 유저 입장에서는 이것이 중요한 유인 요소겠지만, 금융권의 입장에서는 창구 업무가 디지털화되면서 고객 행동에 대한 모든 데이터의 수집이 가능해졌다는 부분이 더욱 중요합니다.

그런데 이것은 지금의 인터넷 뱅킹으로도 어느 정도 가능한 부분이죠. 하지만 메타버스 플랫폼에서 금융 업무가 이루어지면 훨씬 더 유리한 면이 있습니다. 메타버스에서는 아바타가 있고, 그에 따른 유저의 행동이 있습니다. 창구에 와서 어떤 것에 관심을 보이고 어떻게 행동하는지에 대한 패턴 파악, 그에 따른 AI의 데이터 분석을 통해 고객의 니즈를 비교적 분명하게 확인할 수 있습니다. 유저가 서 있는 위치, 유저가 관심을 보인 광고판 등을 추적할 수 있는 거죠. 아니면 대놓고 성향 분석을 할 수도 있습니다. 예를 들어, 유저들이 창구 업무를 기다리는 동안 플랫폼 안에서 구슬을 걸고 하는 간단한 '홀짝 게임'을 하게 합니다. 어느 정도 구슬을 모으면 금리 할인이나 환율 우대 같은 혜택을 제공합니다. 이렇게 재미와 동시에 혜택을 제공한다면 많은 사람이 게임에 참여하겠죠?

플랫폼은 홀짝 게임을 통해 유저들의 성향 데이터를 확보할 수 있습니다. '안전 지향' 유형인지, 아니면 '인생은 한 방이다.'처럼 '위험 지향' 유형인지를 알 수 있죠. 이러한 데이터를 분석하여 어떤 상품을 권하는 것이 고객에게 더욱 솔깃하게 들릴 것인가를 판단할 수 있습니다. 즉, 수많은 상품 중에 고객에게 딱 맞는 상품을 큐레이션할 수 있다는 뜻이고, 성사 확률도 높아진다는 의미입니다. 이것은 고객의 개인 정보가 아니라, 행동 패턴을 분석한 것이기 때문에 정보 보안과는 상관이 없습니다.

새로운 시대의 새로운 금융권의 역할

차세대 플랫폼 확보라는 금융권의 비전은 지금부터 이야기할 비전에 비하면 아주 사소하다고 할 수 있습니다. 금융권이 메타버스에 관심을 가지는 진짜 중요한 이유는 전통 금융권에서 탈피하기 위함입니다. 그러니까 '금융권이 금융권이 아니기 위해서' 메타버스에 관심을 가지는 것이죠.

은행의 전통적인 수익 모델은 예대 마진입니다. 예금과 대출의 금리 차에서 나오는 이익이 은행의 주 수익원이죠. 한때는 현금인출기 수수료도 큰 수익이었는데요. 현금 사용이 점점 줄어들고, 스마트폰으로 가볍게 결제할 수 있는 시대가 되면서 현금인출기 자체가 사라져가고 있습니다.

마찬가지로 인터넷 뱅크의 출현이나 사실상 금융권의 역할을 하는 포털의 등장 추세를 보면 예대 마진이 언제, 어떤 식으로 수익 구조로서의 매력을 상실할지 모르는, 조금은 불안한 상태가 되어가고 있습니다.

디지털 시대, 새로운 메타버스 시대에 맞는 금융권의 새로운 비즈니스 모델이 필요한 시점이죠. 사실 금융권은 아직 그런 모델을 찾아내지는 못했습니다. 왜냐하면 본격적인 메타버스 플랫폼이 출현하지 않았으니까요. 그런 의미에서 메타버스 초창기에 같이 행보를 맞추면서 곳곳에서 튀어나오는 기회들을 엿보다가 새로운 비즈니스 모델을 창출하려고 하는 것입니다.

여기에는 NFT와 암호화폐라는 가능성이 크게 작용합니다. 디지털 자산에 대한 원본 증명인 NFT는 디지털상에서의 금전 거래를 보증해 주는 역할을 하죠. 그런데 이때 메타버스 내에서 통용되는 통화는 달러나 원화 같은 실물 통화가 아닙니다.

메타버스의 가장 큰 장점은 태생부터 글로벌이라는 점입니다. 지역이 다르고, 국가가 다르다는 공간상의 제약은 메타버스 내에서 존재하지 않죠. 메타버스에서 무언가를 설계하고 만들어 내려면 처음부터 글로벌 시장을 보고 만들어 나가야 하는 것입니다. 그러니 메타버스 내에서 상거래가 일어난다고 할 때 그것이 달러나 원화로 통일될 수는 없죠. 따라서 메타버스상의 통화가 형성되게 됩니다. 최근 론칭되는 메타버스들은 기본 통화를 설정하고 그것을 암호화폐로 연결시키는 경우가 많습니다. 메타버스 내의 통화를 암호화폐 시장에 상장하는 거죠. 그렇게 되면 메타버스에서의 경제 활동을 통해 번 돈을 개발사를 통하지 않고 직접 암호화폐 시장에서 현금화할 수 있습니다. 메타버스 내의 화폐가 이런 식으로 디지털화되었을 때, 금융권이 전통적인 화폐만 취급하고 예대 마진을 대신할 만한 수익 구조를 찾아내지 못한다면 생존 자체가 어려운 상황에 내몰리게 될 겁니다. 현실 세계의 경제가 메타버스 내로 들어간 상황에서 그 안을 움직일 화폐는 전통적인 화폐 개념과는 다를 가능성이 많으니까요.

지금 금융권이 메타버스에 적극적인 관심을 가지고 참여하는 것은 새롭게 열리는 세계에서 돈의 흐름을 컨트롤하겠다는 비전이 있기 때문입니다. 하지만 아직 메타버스에서 경제의 움직임이 어떻게 세팅될지는 아무도 장담하지 못합니다. 관련 법규나 규정에 대한 가이드도 없어, 지금은 개별 메타버스 플랫폼들이 여러 가지 모습으로 경제 생태계를 구상해 가고 있는 중이죠. 따라서 금융권은 메타버스의 흐름에 잘 올라타고 있다가, 어느 정도 큰 흐름이 생기는 적절한 순간에 기회를 포착해서 새로운 비즈니스 모델을 만들어 내야 합니다. 그래서 금융권은 그 어떤 산업보다 적극적으로 메타버스에 참여하고 있는 것입니다.

금융권이 메타버스 트랜스포메이션에 성공하기 위한 전제 조건은?

금융권이 메타버스에서 경쟁하게 될 기업은 같은 금융권이 아니라 IT기업들입니다. 만만한 경쟁 상대가 아니죠. 실제로 IT업계의 사고방식이 메타버스에서 더 유리하니까요. 지금 금융권이 메타버스에 기울이는 노력이 무늬만 따라 하는 것에 불과하다면 메타버스의 금융은 결국 IT업계에 넘어갈 수밖에 없습니다. 생각의 틀을 메타버스로 트랜스포메이션하기 위해서는 각고의 노력이 필요합니다. 금융권이 메타버스에서 성공하기 위해서는 IT업계처럼 생각하고, 설계하고, 움직이는 것이 필요하죠. 따라서 금융권의 성패는 결정권자나 중간 관리자층에서 얼마나 기존의 금융권에 맞춰진 생각의 틀을 깨고, IT업계답게 생각할 수 있냐에 달려 있습니다.

다음으로 생각해야 할 요소는 글로벌에 대한 태도입니다. 사실 은행은 내수 위주의 사업 구조를 가지고 있습니다. 그런데 NFT는 금융권의 차원을 다르게 만들어 줍니다. 조금 더 구체적으로는 영업 범위를 확장해 준다고 할 수 있죠. 원래 디파이의 기본 전제는 탈중앙화니까요. 여기서 중앙이라는 것은 결국 국가의 통제라고 할 수 있는데, 그렇다면 디파이는 태생부터 글로벌 지향입니다. NFT는 바로 이런 지향점에 잘 맞는 기술이죠. 즉, NFT는 국가를 초월한 자산 증명입니다. NFT로 증명된 자산은 세계 어느 나라나 동일하게 적용될 수 있죠. 가령 NFT 기반의 부동산 메타버스인 '디센트럴랜드' 안에서 땅을 샀을 때, 미국에서 산 사람과 한국에서 산 사람의 가격이나 NFT 소유 증명이 다르게 적용되는 것은 아니니까요.

그렇다면 NFT 자산을 담보로 대출해 주는 은행이라면 어디서나 비슷한 평가를 받을 수 있습니다. 하지만 한국 실물 아파트의 등기부등본으로 미국 은행에서 대출을 받기에는 쉽지 않을 것입니다. 일단 행정체계가 다르기 때문입니다. 그래서 NFT 자산을 거래하는 순간 금융권은 글로벌 서비스를 지향하게 되는 것입니다. NFT가 조금 더 인정받고 활성화되면 한국 실물 아파트의 소유 증명을 NFT화해서 그것을 담보로 은행 거래가 일어날 수 있는 방법이 나올 수도 있겠죠. 실물 자산을 NFT화하면 훨씬 더 유연하게 거래할 수가 있으니까요. 아예 NFT 거래소를 차리고, NFT 거래가 일어나도록 유도하는 서비스도 등장할 수 있습니다.

마지막으로 유의해야 할 것이 있습니다. 크립토 겨울의 시기를 맞이하여, 금융권에서 그동안 추진해 오던 메타버스 트랜스포메이션 사업에 동력이 떨어질 수 있습니다. 하지만 겨울은 계절의 끝이 아닌, 앞으로 찾아올 봄을 맞이하는 준비 기간입니다. 차별화할 수 있는 요소를 만들기 위해 더욱 노력해야 할 것입니다.

디파이가 뭘까?

디파이(DeFi)는 Decentralized Finance의 약자로, 탈중앙화 금융입니다. 정부나 기업, 중앙은행 등 중앙 기관의 통제 없이 블록체인 기술로 결제, 송금, 예금, 대출, 투자 등 다양한 금융 서비스를 제공하는 것을 말합니다.

2008년 서브프라임 모기지 사태의 시발점은 세계 4위의 투자은행인 리먼 브라더스의 파산이었죠. 그것을 시작으로 금융기관의 부실함과 부정직함이 만천하에 드러나게 되었습니다. 경제 위기 이후 블록체인이 제안되었고, 탈중앙화 금융이 필요하다는 인식이 생겼습니다. 그 결과가 바로 블록체인의 스마트 계약 기술을 활용한 디파이입니다. 글로벌 투자은행 뱅크오브아메리카(BofA)에 따르면, 2019년 디파이 시장에 예치된 자금은 7억 달러였는데, 2020년에는 210억 달러, 그리고 2021년에는 2,600억 달러로 2년 만에 무려 370배 성장했습니다. 그야말로 급격한 성장세죠.

디파이 서비스는 사실 프로토콜(미리 정해놓은 규칙) 안에 담아 진행되기 때문에 중개인이 없습니다. 전통적인 은행 업무가 중개하는 과정에서 나오는 예대 마진을 수익으로 하는데, 그 부분을 제외하니 은행권의 전통 수익 구조가 무너집니다. 그래서 디파이에서는 플랫폼 이용 차원의 수수료만 내게 됩니다. 그런 구조 때문에 자산이나 화폐를 예치할 때 꽤 높은 금리를 제공할 수 있습니다. 높은 금리는 많은 예치금을 끌어당기는 효과가 있죠. 위메이드는 2022년 1월에 디파이 서비스 클레바 프로토

콜(KLEVA Protocol)을 출시
했는데요. 오픈한 지 12시간
만에 2억 3천 500만 달러(약
2천 796억 원) 규모의 총 예
치 자산(TVL)을 확보했습니
다. 그리고 5월 총 예치 자
산(TVL)이 5억 달러를 돌파
했죠. 하지만 크립토 겨울을

디파이 서비스 클레바 프로토콜의 시작화면 [28]

자료: 클레바 프로토콜 공식 웹사이트 캡처

맞이해서는 5천만 달러대로 내려가기도 했습니다.

　그렇지만 암호화폐는 이제 시작입니다. 당연히 디파이 역시 이제 스타
트 라인에 섰을 뿐이죠. 그러니 하락장이 있다고 해서 관심을 거둘 일은
아닙니다. 전통적인 은행들이 디파이에 관심을 보이고 있지만, 핀테크와
는 다릅니다. 디파이는 기본적으로 탈중앙화되어서 자동화된 구조에서
나오는 경비 절감을 유저들에게 돌려주는 방식이기 때문에 기존의 은행
구조를 유지하면서 디파이를 실행하는 것은 어려운 일입니다. 은행의 구
조 자체가 변하고, 업에 대한 생각 자체가 변해야 합니다. 그래서 차라리
IT업체들이 디파이에 나서는 게 조금 더 효과적일 수 있죠.

디파이에서 NFT의 역할

　사실 디파이 자체에 대해 설명을 하자면 금융 업무와 연결되기 때문에 상
당한 양을 할애해야 하지만, NFT에 대한 이야기를 하다가 나온 얘기이니
지금은 NFT와 관련된 디파이만 생각해 보겠습니다. NFT와 연관된 부분
의 디파이를 말하자면 역시 대출입니다. NFT는 디지털 자산을 만드는 기

술이자 디지털 자산 그 자체를 가리키는 말로 쓰이죠. 돈이 필요한데, 현금이 없는 경우 우리는 은행에서 대출을 받는데요. 은행의 경우 무조건적으로 대출을 해주지 않습니다. 신용만 보고 빌려줬다가 못 갚고 개인 파산을 해 버리면, 은행 입장에서는 손해가 막심하니까요. 그래서 돈이 커질수록 반드시 담보를 잡습니다. 부동산 거래에서는 부동산 자체를 담보로 잡기도 하고, 개인의 주식이나 전세금 등을 담보로 잡기도 하죠. 당장 현금화하기는 어렵지만, 가치가 있는 자산을 담보 잡고 그 담보의 가치만큼 대출을 해주는 겁니다.

디파이 금융이라도 대출을 위해서는 담보가 있어야 합니다. 담보가 되는 자산은 바로 NFT로 구현된 가상 자산이 되겠죠. 현금이 필요하면 나중에 가치가 올랐을 때 팔기 위해 가지고 있는 PFP를 담보 잡아서 암호화폐를 빌릴 수 있고, 그 암호화폐를 시장에서 현금화할 수 있겠죠. 아니면 암호화폐 자체를 사용해서 미리 점 찍어둔 메타버스에서 땅을 살 수도 있고요. 중요한 건 자신이 가진 NFT를 군이 팔지 않고도 필요한 재화의 유동성을 확보할 수 있다는 것입니다.

NFT가 판매를 통한 수익 창출이 아닌 대출 담보로 활용될 수 있다면 NFT 가상 자산의 구입에도 조금 더 적극적으로 임할 수 있습니다. 거래소에 상장되어 있는 암호화폐들은 언제라도 현금화할 수 있는데, NFT는 경매와 같은 판매 과정을 거쳐야 현금화할 수 있기 때문에 환금성이 떨어지죠. 집을 소유하고 것과 비슷하다고 보면 됩니다. 돈이 필요할 때 집을 팔아서 현금을 마련할 수도 있지만, 집을 담보로 잡고 대출을 받아 현금을 마련할 수도 있죠. NFT가 대출의 담보가 될 수 있다면 현금이 필요할 때 군이 NFT를 팔지 않더라도 현금 유동성을 확보할 수 있게 됩니다. 그러면 NFT를 살 때도 조금 더 적극적으로 살 수 있죠. '필요할 때 안 팔

리면 어떻게 하지?' 걱정하지 않아도 되니까요. 그래서 디파이에서 NFT
가 자산으로 활용되는 정도에 따라 NFT 자체의 성장성에도 영향을 미치
게 되는 겁니다.

중요해진 NFT 평가 기능

디파이에서 중요한 것은 디지털 자산인데, 디지털 자산은 변동성이 너
무 심해서 안정적이지 않습니다. 중요한 것은 디지털 자산의 평가입니다.
그래서 NFT 자산을 평가하고 관리해 주는 서비스도 나왔습니다. 'NFT
뱅크(NFTBank)'는 이용자의 NFT 관련 활동을 모두 모아서 보여줍니다.
그동안 얼마 정도를 NFT에 투자했는지, NFT 투자 수익률(ROI)은 얼마
인지, 현재 보유한 자산의 예측 시가가 얼마인지 등을 한눈에 대시보드에
나타내죠. 자산 관리 시스템을 NFT에 적용한 것이라 보면 됩니다.

NFT 평가 관리 서비스 NFT뱅크의 시작 화면 [29]
자료: NFT뱅크 공식 웹사이트 캡처

앞으로 NFT 자산에 대한 평가를 제공해 담보나 대출의 기준이 되는
NFT 자산 전문 평가 서비스 역시 등장할 수밖에 없습니다. 그런 면에서
NFT 자산 평가사가 새로운 전문 직업으로 각광받을 수도 있을 것입니다.

금융권의 메타버스 트랜스포메이션 노력은 여전히 현재 진행형입니다. 아울러 탈중앙화를 표방하는 암호화폐 대신 중앙화한 암호화폐 CBDC (Central Bank Digital Currency) 사용에도 관심이 많죠. 메타버스 세계에서 금융권의 역할은 지금과는 분명히 다릅니다. 금융권은 디지털 세계에서의 돈의 흐름을 쫓아가기 위해 메타버스나 NFT에 많은 관심을 기울이고 있죠. 하지만 지난 세대의 금융권적 사고로는 이 흐름을 쫓기 어렵습니다. 금융권의 역할에 대한 경쟁을 IT 기업과 하게 되는 만큼 IT 기업적인 사고와 자세로 임해야 할 것입니다.

09

BUSINESS 6

회원권 개념의
유틸리티
NFT

손흥민 NFT

　2022년 5월 영국 프리미어리그에서 활약 중이던 손흥민 선수는 리버풀의 모하메드 살라(Mohamed Salah) 선수와 시즌 막판 득점왕 경쟁을 벌였습니다. 손흥민 선수의 소속팀 토트넘 홋스퍼 역시 챔피언스리그 진출권의 마지노선인 리그 4위의 성적에 들 것인가를 놓고 리버풀과 격전 중이었습니다. 손흥민 선수는 그 누구보다 막중한 부담감과 책임감에 정신이 없었을 것입니다. 그런데 갑자기 손흥민 선수의 트위터가 개설되었다는 뉴스가 떴습니다.

　워낙 민감한 시기였고 관심이 한껏 집중된 때였던 만큼 '저 맞아요'라는 그의 게시글 하나가 뜨자 3시간 만에 팔로워 14만 명이 모였죠. 하지만 손흥민의 트위터는 바로 두 번째 게시글이 업로드되자마자 엄청난 비난에

휩싸였습니다. 그의 NFT 발매 소식 때문이죠. 0.07이더에 총 10,800장이 발매되는 손흥민 NFT는 완판될 경우 한번에 20억 원이 넘는 돈이 생기는 비즈니스였거든요.

　팬들 입장에서는 손흥민 선수가 트위터를 개설한 이유가 팬들과 소통을 하기 위함으로 보고 환호했습니다. 그러나 트위터 개설의 목적이 결국 NFT를 발매하기 위한 것으로 드러나자 팬들은 크게 실망합니다. 트위터 개설이 소통을 위한 것이라기보다는 돈벌이를 위한 수단이었다고 인식된 것이죠. 이후 비난에 직면한 손흥민 선수는 해당 게시글을 빠르게 삭제했습니다. 그리고 손흥민 선수의 NFT 발매는 흥행할 만한 이슈 없이 조용히 지나갔죠. 스타의 IP를 활용한 NFT를 할 때는 팬들의 마음을 잘 헤아리지 않으면 역풍을 맞게 됩니다.

　그런데 손흥민 NFT의 혜택을 가만히 보면 사실 큰 메리트는 없었습니다. 눈에 띄는 것은 온라인 팬미팅 참여 우선순위, 손흥민 친필 사인 굿즈 획득 기회, 손흥민의 나눔 행사 참여 등이었죠. 손흥민 NFT는 멤버십 회원권의 개념이 강합니다. 회원권 개념의 NFT는 해당 회원들에 대한 혜택이 강하면 강할수록 인기가 올라갑니다. 그러나 별다른 혜택 없이 스타 한 명으로 멤버십을 유지하려면 해당 스타가 '장사'하는 것 같은 행동은 하지 않도록 주의했어야 하죠. 그런 면에 있어서는 시작이 좋지 못한 케이스였습니다.

스포츠 팀 회원권으로서의 NFT

어쩌면 스포츠 팀의 회원권이 커뮤니티를 중시하는 NFT 멤버십에 조금 더 적합할지도 모르겠습니다. NFT는 초창기부터 같은 NFT를 들고 있는 홀더들끼리 온라인상에서 교류하고 커뮤니티를 형성했습니다. 같은 회사의 주식을 보유하고 있는 사람들도 주식의 가격에 따라 일종의 연대감을 형성하기도 하죠. 그런데 NFT 홀더들은 정해진 수량 때문인지 조금 더 끈끈한 커뮤니티를 만들었습니다. 마치 아파트 부녀회 같은 느낌도 살짝 드는데요. 자신이 살고 있는 아파트의 가치를 지키기 위해 조금 더 적극적인 활동을 하죠.

NFT 홀더의 특징은 커뮤니티 형성에 있습니다. 이러한 속성에 적합한 것은 서포터즈에 가까운 회원 자격 NFT로 생각됩니다. 스포츠 팀의 경우 서포터즈가 있는데, 서포터즈 멤버십을 NFT와 연계하는 것입니다. 이렇게 되면 NFT를 판매함과 동시에 시즌권을 파는 효과도 있죠. 팬 참여형 프로 스포츠 구단 생태계를 추구하는 토탈스포츠랩(Total Sports Lab)은 2022년 9월 말 고양 캐롯 점퍼스 농구단과 첫 프로젝트인 농구단 커뮤니티 '후프클럽(HoopClub)'의 멤버십 NFT를 판매했습니다. VIP 수량 총 800개, 스탠다드 수량 총 6,500개를 판매했는데요. VIP NFT는 6,250 클레이, 스탠다드는 750클레이로, 클레이 시세가 대략 260~330원 사이를 오르내리던 기간이라 VIP NFT 기준으로 보면 200만 원 가까이하는 가격이었죠.

VIP

Standard

후프클럽 멤버십 NFT [30]
자료: 후프클럽 공식 웹사이트 캡처

VIP NFT 홀더들의 혜택을 보면 농구단 의사결정 투표권이 있고, 홈경기를 VIP석에서 볼 수 있는 시즌권을 줍니다. 사인 유니폼이나 옷 같은 팬 굿즈도 주고, 경기장 내의 숍에서 물건을 사면 할인 혜택도 제공하죠. 여러 구단 내 행사에 초대되기도 하고요. 이렇게 보면 후원 회원이나 마찬가지입니다.

토탈스포츠랩의 로드맵을 보면, 농구단 하나로 시작된 NFT 후원 회원의 시스템을 다른 농구단은 물론이고, 전체 프로 스포츠계로 확대해서 적용한다는 방침입니다. 후원 회원이나 시즌권이라는 제도를 NFT 홀더라는 새로운 방식으로 리디자인 하겠다는 것이죠.

그렇다면 기존의 후원 회원이나 시즌권 제도 대신 새로운 제도를 NFT로 끌고 오는 이유는 무엇일까요? NFT의 자유로운 거래에서 그 해답을 찾을 수 있습니다. 후원 회원은 그야말로 한번 결정하면, 번복할 수 없습니다. 일정한 기간은 다 채워야 하는데, 시즌권 역시 마찬가지죠. 하지만 이런 권리와 혜택을 NFT 홀더에게 제공한다면, NFT는 시장 거래가 가능해집니다. 시간이나 여력이 된다면 얼마든지 스포츠 팀의 서포터즈 역할을 할 수 있지만, 그렇지 못하게 된다면 NFT를 팔고 다른 사람에게 그 역할을 양도할 수 있습니다. 운신의 폭이 조금 더 넓어지므로 NFT를 통한 농구단의 서포터즈나 시즌 회원이 되는데 부담이 조금 덜하게 되는 것입니다.

그리고 VIP NFT의 경우 선수단과의 만남이나 여러 행사에 초청받는 일정들이 있으므로, 농구단의 성적이 좋다거나 스타 선수가 나올 경우 NFT 자체의 주가가 올라갈 수 있습니다. 농구단의 경기를 즐기면서 일종의 재테크까지 할 수 있죠. 농구단 성적이 안 좋아서 NFT의 주가가 떨어지더라도 원래부터 농구 경기를 많이 보고 굿즈도 구매했던 사람이라면 그리 큰 손해는 아닌 겁니다.

그러니까 스포츠 팀의 NFT는 원래 그 스포츠를 좋아하는 경우 본전은 어느 정도 뽑을 수 있고, 암호화폐의 시세가 올라가거나 스포츠 구단의 성적이 올라갈 경우 재테크 측면으로도 의미가 있습니다. 덕분에 보다 활발한 구매와 재거래가 일어날 수 있게 되는 거죠.

글로벌 세일도 가능한 스포츠 팀 NFT.

스포츠 팀의 NFT는 해당 스포츠 팀의 인기와 세계적 지명도가 따를 경우 글로벌 세일이 가능해지고, 그 과정에서 가치가 기하급수적으로 올라갈 수 있습니다. 회원권까지는 아니어도 스페인의 인기 축구팀 FC 바르셀로나의 경우에는 클럽 최초의 NFT를 발행해서 성공적인 판매를 하기도 했습니다.

2022년 7월 FC 바르셀로나는 1978년까지 뛰었던 요한 크루이프(Johan Cruyff)가 1973년 아틀레티코 마드리드 전에서 터뜨린, 전설의 골 장면을 재현한 『In A Way, Immortal』 NFT를 소더비 경매에 내놓았는데요. 최종 경매가 69만 3천 달러로 낙찰되었습니다. NFT의 구매자는 '바르사 디지털 엠배서더'로 임명되고, 미팅 및 인사회 참석, FC 바르셀로나 육성 조직인 라 마시아(La Masia) 방문, 바르셀로나 홈경기장인 스포티파이 캄 노우(Spotify Camp Nou)에서의 플레이권, 친선 경기 공식 볼 핸들링 등의 혜택과 체험을 제공받습니다.

FC 바르셀로나는 현재 총 10개의 NFT 판매를 계획하고 있는데요. 이 계획을 성공적으로 마치고 난다면 NFT 비즈니스를 10개만 판매하고 그칠 것으로 생각되지는 않습니다. 이것을 경험 삼아 몇만 명 혹은 몇십만 명의 NFT 홀더를 모으는 글로벌 팬 비즈니스를 펼칠 것입니다.

만약 FC 바르셀로나가 글로벌 성공 사례를 만든다면 같은 스페인 리그의 레알 마드리드나 다른 리그인 맨체스터 유나이티드, 맨체스터 시티 등의 글로벌 인기 구단들이 따라 할 수밖에 없습니다. 다른 스포츠인 메이저리그나 NBA 인기 구단들이 뛰어들지 않을 이유도 없고요. 물론 NBA의 경우는 NFT 수집 시장에 참여하고 있고, 메이저 리그 역시 그럴 계획을 가지고 있지만, 서포터즈를 NFT로 조직하는 것은 또 다른 비즈니스니까요.

한국 스포츠 구단들도 이런 비즈니스를 생각하지만, 사실 NFT는 국제적으로 가치가 추동되어야만 의미가 있습니다. NFT 비즈니스를 본격적으로 시작하기에는 국제적 인기도와 지명도가 약한 것이 사실입니다. 그렇다고 우물 안 개구리로 만족해야 할까요? 최소한 아시아 지역의 글로벌 팬을 확보해 놔야 앞으로의 글로벌 NFT 비즈니스에 참여할 수 있을 것입니다.

이용권의 개념

커뮤니티 성격을 활용한 회원권 비즈니스 외에도 이용권 NFT 비즈니스 사례로 스테픈(STEPN)을 들 수 있습니다. 스테픈 NFT는 흔히 M2E라고 하는데요. P2E가 Play to Earn으로, 게임을 하면서 돈을 버는 개념이라면 M2E는 Move to Earn입니다. 운동을 하면서 돈을 번다는 뜻이죠. 스테픈은 NFT로 발행된 스테픈 운동화를 구매한 뒤 걷거나 뛰는 미션을 수행하면서 보상을 획득할 수 있는 앱입니다. 스테픈 운동화 NFT를 산다는 것은 이 앱의 이용 자격을 획득하는 것이고, 일종의 채굴 미션에 참여한다는 뜻이기도 합니다.

운동화의 종류는 워커, 조거, 러너, 트레이너로 나뉩니다. 워커는 걷기,

조거는 빠르게 걷기, 러너는 달리기를 할 때 채굴이 가장 잘 되도록 설계되어 있습니다. 트레이너는 종류별로 모두 다 가능한 만능이죠. 그래서 운동의 성격에 따라 운동화 가격도 다릅니다. 보통 150~200만 원 정도 하죠.

스테픈에서 신발을 사고 앱을 작동시켜 하루에 10분 정도 걷거나 뛰면, GST(Green Satoshi Token)라는 토큰을 보상받을 수 있습니다. 더 오래 해도 어차피 리밋이 있기 때문에 10분 정도면 충분합니다. 이렇게 받는 보상이 보통 7~8만 원 정도 되죠. 신발을 사용하면 닳기 때문에 수리가 필요한데, 수리 비용으로는 토큰이 들어가게 됩니다. 보상에서 수리비를 제하고 계산해 보면 하루에 5~6만 원을 버는 꼴이죠. 쉬는 날도 조금 있다고 생각하면 두 달 안에 원금을 회수할 수 있고, 이후에는 운동을 할수록 돈을 버는 셈이 됩니다.

스테픈이 처음 론칭됐을 때 이것을 게임으로 볼 것인지에 대한 법적 이슈가 있었습니다. 스테픈이 게임 앱으로 분류되는 순간, 사행성이 있다고 판단되어 법적으로 금지될 수 있는 상황이었죠. 하지만 2022년 4월 게임물관리위원회는 스테픈을 운동 앱으로 판정합니다. 그 이후 스니커즈(SNKRZ), 코인워크(CoinWalk), 트레이서(TRACER) 등 유사 앱들이 등장하게 되죠.

스테픈의 암호화폐 채굴 방식은 운동화 NFT를 가진 상태에서 운동 미션을 수행하는 것이기 때문에, 마치 운동 클럽 같은 느낌을 주게 됩니다. NFT가 일종의 운동 클럽 회원권 같은 역할을 하는 것이죠. 앞으로도 Something to Earn(X2E)은 계속 등장을 할 텐데요. 이미 춤을 추면 보상을 주는 D2E(Dance to Earn)나 좋아하는 가수의 노래만 들어도 보상을 주는 L2E(Like to Earn) 같은 구조들이 설계되고 있습니다. 중요한 것은 Something이라는 미션이 무엇이 되었든 회원권 개념으로 NFT가 활용될 것이라는 점입니다.

밸리곰 NFT의 성공 비법

창고형 매장 코스트코의 성공 비결은 유료 회원입니다. 코스트코 연회비를 받아 그것으로 물건 매입을 하고, 그렇게 얻은 이익을 가격에 반영해서 소비자에게 좋은 물건을 싼값에 공급한다는 것이 코스트코의 비즈니스 모델입니다.

쇼핑몰이나 커머스 차원에서 NFT를 일종의 코스트코 유료 회원처럼 활용하는 방법도 있습니다. PFP로 NFT를 발행해서 회원들을 확보하고, 이 회원들에게는 할인이나 기프트 박스 등 여러 가지 혜택을 제공해서, 계속적인 구매를 유도하는 것이죠. NFT 회원권은 양도가 가능하기 때문에, 기업 입장에서는 언제나 일정 한도 이상을 구매하는(고객 입장에서는 자신이 NFT를 구매하는 데 들어간 비용만큼 할인 혜택을 받기 위해서 해당 브랜드를 지속적으로 이용하게 될 테니까요.) 단골 고객을 안정적으로 유지하는 효과가 납니다.

의류나 유통 쪽에서는 이런 기능의 NFT가 종종 시도됩니다. 그중에서도 롯데홈쇼핑에서 진행한 '밸리곰 NFT'는 나름 성공한 NFT 사례입니다. 크립토 겨울에 주눅 들지 않는 당찬 가격이나 1차 화이트리스트와 퍼블릭 세일의 큰 가격차 등 초반 이슈도 많았지만, 결국 짧은 시간 안에 완판을 이루어냈습니다. 밸리곰 NFT의 성공 이유는 무엇일까요? 대기업이 참여한 프로젝트라 신뢰감을 준 면은 분명히 있지만, 대기업이라고 해서 자신에게 특별한 이익이 보이지 않는다면 무조건 참여하지는 않았을 겁니다.

롯데홈쇼핑은 NFT 구매자에게 쇼핑, 식음료, 투숙 등의 서비스 할인과 라이브 커머스의 할인 혜택을 주었고, 자사 할인 쿠폰 및 일반 회원의 10배에 달하는 포인트 적립 등의 혜택을 주기도 했습니다. 혜택은 대부분 롯데와 관련된 커머스를 이용할 때 적용되는 할인이었기 때문에 구매자가 돈을 쓴 만큼 이득을 볼 수 있습니다. 그래서 단순하게 롯데홈쇼핑이나 롯데 계열사에서 돈을 쓰면 NFT에 참여한 비용만큼은 회수할 수 있겠다 싶은 사람들도 민팅에 참여할 수 있었죠. 화이트리스트에 올랐으면 약 18만 원 정도, 퍼블릭 민팅은 35만 원 정도에 밸리곰 NFT를 구매할 수 있었습니다.

하지만 그저 자신이 들인 비용을 받을 수 있겠다는 계산만으로 민팅에 참여한 것은 아닙니다. 비용을 회수할 때까지 다른 커머스에서는 물건을 사지 못하고 계속 롯데홈쇼핑만 이용해야 한다는 얘기인데, 요즘 같은 시대는 소비자가 본인 스스로에게 족쇄를 채울 필요가 없는 시대입니다. 밸리곰 NFT의 진정한 성공 비결은 6단계의 등급에 있습니다.

밸리곰 NFT는 수량이 6단계로 나뉘어 발행되었습니다. 가장 흔한 프렌즈 등급이 4,370개, 서프라이즈 등급이 3,500개, 슈퍼 등급 1,500개, 메가 등급 500개, 홀릭 등급 100개, 마지막으로 가장 상위의 벨리 등급 30개였습니다. 혜택은 등급에 따라 다릅니다. 앞에서 언급한 혜택은 가장 낮은 프렌즈 등급에도 들어가 있는 혜택이고, 가장 높은 등급의 밸리 등급에는 기본 혜택 외에도 최고급 호텔인 시그니엘 호텔의 플래티넘 패키지권 시즌 내 2회, 롯데 호텔의 월드 프리미엄 패키지권 시즌 내 2회, 롯데시네마 프리미엄 패키지권 시즌 내 4회 등 정가로 따지면 몇천만 원에 이르는 혜택이 부가됩니다.

밸리곰 NFT를 구매할 때는 어떤 등급인지 모르고 구매해야 합니다. 이후 구매한 NFT를 확인하는 단계인 리빌(Reveal)을 거쳐야 어떤 등급의 NFT를 구매했는지 알 수 있습니다. 민팅을 처음 하는 대부분의 NFT는 이렇습니다. 밸리곰 NFT를 사면 가장 낮은 프렌즈 등급이 나와도 자신의 쇼핑 목록에 따라 투자한 금액 정도는 회수할 수 있는데, 재수가 좋아서 높은 등급의 NFT가 나온다면 자신이 투자한 돈 이상의 효용을 기대할 수 있는 거죠. 그리고 NFT는 양도가 가능하기 때문에 높은 등급의 NFT를 양도할 수 있게 된다면, 투자금의 10배 이상의 이익을 보는 것도 가능하겠죠. 어떻게 생각하면 확률형 뽑기 게임처럼 유틸리티 NFT가 설계되어 있는 것입니다.

유틸리티 NFT의 대표적인 기능이 회원권과 이용권입니다. 회원권은 멤버십을 만드는 방법인데요. 기존의 회원권에 비해 거래가 자유롭고 즉각적이다 보니, 투자 대상으로도 가치가 있습니다. 또한 이용권으로서 NFT를 이용할 때마다 경제적 이득을 볼 수 있도록 설계한다면, 가치는 당연히 높아질 수밖에 없겠죠. 기업 입장에서는 항상 이용하는 단골 고객을 확보하고, 그 단골 고객의 승계 효과까지 있으니 확실한 소비자들을 확보하는 효과가 있습니다.

처음 NFT를 시작하는 기업 입장에서는 아무래도 이용권이나 회원권 기능이 있는 유틸리티 NFT를 시도하며 NFT 비즈니스에 뛰어들 가능성이 많습니다. 따라서 다양한 혜택과 유인책을 가지는 NFT들이 등장할 수 있으니, 시장을 잘 살펴보면서 자신의 비즈니스에 적절하게 적용해야 합니다.

10

BUSINESS 7 ||||

STO, 이용권
형식의 NFT

STO의 두 가지 유형

STO는 Security Token Offering의 준말로, 증권형 토큰이라고 합니다. 실물 자산을 블록체인 기반의 암호화폐에 연동해서 자산 가치를 증명하는 것인데, STO를 가지고 있다는 것은 연동된 자산의 소유권을 가지고 있다는 것입니다. 마치 주식회사의 주주들이 보유한 주식 수만큼 회사를 소유하고 있는 것과 유사한 개념입니다.

STO의 유형은 어떤 실물 자산을 연동했는가에 따라 크게 '증권발행형' 과 '자산유동화형'으로 나뉩니다.

증권발행형은 금융 투자 상품 발행을 위한 토큰 발행 및 공개를 말합니다. ICO(Initial Coin Offering)*의 일종인데요.

---

*ICO 가상화폐 공개

비즈니스 모델을 공개해서 그 비즈니스 모델로 이익을 내면 해당 이익을 나눌 것을 약속하고 투자 받는 것과 비슷합니다. 그래서 STO를 통해서 비즈니스 모델에 대한 자금 조달을 하는 것이죠. 이때 가상화폐는 마치 회사의 주식 같은 역할을 하게 됩니다.

자산유동화형 STO는 비즈니스 모델이 아닌 부동산, 미술품, 음원 등과 같은 자산의 유동화를 위한 토큰입니다. 우리가 흔히 STO 하면 떠올리는 모델이 바로 이 자산유동화 모델인데, 덩치가 큰 자산을 분산 소유해서 부담을 줄이는 방법입니다. 그리고 그 분산된 권리를 중간에 사고팔 수 있도록 하여 자산의 유동성을 높이죠. 예를 들어 부동산의 경우, 보통 덩치가 크기 때문에 혼자서 투자하기 부담스러울 수 있죠. 그럴 때 리츠 상품은 조각투자를 통해 부동산 지분을 가짐으로써 덩치가 큰 부동산 투자에 참여할 수 있게 하는 것입니다. 그런데 이때 개별 지분을 NFT화해서 코인으로 발행하게 되면, 지분에 대한 증명이 확실해집니다. 중간에 사고팔기도 용이하죠. 이러한 방식을 자산유동화형 STO라고 합니다.

	증권발행형	자산유동화형
내용	- 금융 자산에 상응하는 토큰을 새로 발행하는 것 - 배당권, 의결권 등을 가질 수 있음	- 이미 존재하는 자산을 기초로 해 발행하는 것 - 자산의 현금흐름 수취 가능
특징	주식과 유사	ABS와 유사
장점	- 화이트리스트: KYC, AML 등이 검증돼 화이트리스트에 등록된 사용자만이 투자 가능하며, 가상화폐보다 불법 자금의 감소 효과가 나타남 - 스마트 계약: 계약 조건을 미리 프로그램화해 조건 충족 시 자동으로 거래가 집행되는 방식으로, IPO보다 비용이 감소됨 - 소액 투자: 자산을 토큰화해 지분을 쪼개 팔 수 있고, 부동산이나 NFT보다 접근성이 확대	

STO의 유형 및 특징[32]

조각투자 방식을
NFT에 적용할 때의 장점

이런 방식은 비단 부동산뿐만 아니라, 조각투자가 필요한 여러 실물 자산에도 똑같이 적용됩니다. 그리고 실물 자산뿐 아니라 NFT 같은 가상 자산에도 적용할 수 있습니다. 예를 들어 100억 원짜리 NFT 아트를 1,000 조각으로 잘라서 1,000만 원씩 투자할 수 있게 만드는 것이죠. 이렇게 되면 비교적 적은 돈으로도 유망 프로젝트에 투자할 수 있습니다. 또 하나의 장점은 투자 대상 자체를 거래하지 않고 일부 지분만 거래할 수 있기 때문에 자산 유동성이 생긴다는 것입니다. 100억 원짜리 물건을 가지고 있는데, 갑자기 현금으로 10억 원이 필요하면 결국 100억 원짜리 물건을 팔 수밖에 없습니다. 그런데 이것을 STO 방식으로 소유하고 있으면, 그중 10억 원에 해당하는 지분만 팔면 됩니다. STO가 NFT로 구현되어 있으면 직관적이기 때문에 이런 거래가 더욱 쉬워집니다. 100억 원짜리를 NFT 10,000장으로 만들어서 가지면 1장당 100만 원의 가치가 있겠죠. 그리고 그 NFT 자체를 거래하면 매우 직관적으로 지분을 사고팔게 되는 것입니다. 이렇게 거래가 활발하게 일어나고 그에 따라 현금화가 비교적 쉬워지면, 선순환 구조로 투자 역시 활발하게 이루어지게 됩니다.

부동산 조각투자를 주도하는 플랫폼 '비브릭(BBrick)'이나 시계, 명품, 와인에 조각투자를 하는 '트레져러(Treasurer)'와 같은 플랫폼은 조각투자에 대한 지분 증명을 NFT로 발행하지 않았습니다. 그 말은 곧, 조각투자로 확보한 지분은 해당 플랫폼에서만 거래가 가능하지, 다른 플랫폼에서는 거래하기 힘들다는 뜻입니다. 마치 도토리를 가지고 있어 봤자 싸이월드 안에서만 사용성이 있을 뿐, 다른 곳에서는 거래조차 안 되는 것과 마찬가지죠. 이렇게 되면 아무래도 활발한 지분 투자에 저해가 됩니다.

부동산 조각투자 플랫폼 비브릭 [33)]
자료: 비브릭 공식 웹사이트 캡처

그런데 여기에 NFT를 적용해서 지분 증명을 하게 되면, 그것이 다른 플랫폼이나 심지어 NFT 마켓플레이스에서도 거래될 수 있습니다. 거래의 범위가 넓어지나 거래 건수도 많아지고, 투자도 보다 활성화될 수 있습니다.

음악 산업에서의 NFT 초창기 적용

NFT는 활용 가치가 다양하다는 것 때문에 비즈니스적인 관심을 받아왔습니다. 이를테면 실물 자산에 적용되는 STO를 조금 더 확장된 형태로 적용시킬 수 있습니다. 디지털 자산이 디지털상에서 자산화되는 것은 당연한데요. NFT는 실제 물건이나 현실에서는 실체가 없는 권리까지도 실체화하는 역할을 합니다. 실체가 생기기 때문에 권리 분할이 가능해지고, 대상화되며, 따라서 상품화될 수 있습니다.

권리가 상품화될 수 있는 대표적인 예로 음악 저작권을 들 수 있습니다. 음악을 NFT화한다고 하면 일견 노래를 NFT로 만들어서 한 사람에게 판매한다거나, 100개 또는 1,000개 한정 에디션으로 음악을 쪼개 파는 것을 생각하기 쉽습니다. 하지만 음악은 미술 같은 소유 개념보다는 실제로 듣는 행위에 더 초점이 맞추어져 있는 예술로, NFT로 판매하고 소수의 팬들이 소유하는 폐쇄적 구조를 생각하기 쉽습니다. 실제로 초창기에는 그런 형태가 있었죠. 2021년 4월 미국 가수 위켄드(The Weeknd)는 아트워크와 음원을 결합해서 NFT화하고 경매를 진행했는데, 229만 달러에 팔리기도 했습니다. 한국에서도 음원 NFT가 경매에서 판매되기도 했는데요. 이날치, 리아, 세븐의 음원이 NFT화되어 'NFT매니아'에서 이날치 1,200만 원, 리아 1,010만 원, 세븐 1,990만 원에 각각 낙찰되기도 했습니다.

하지만 이런 모델은 비즈니스적으로 그다지 큰 의미를 가지고 있지 않습니다. 음원 특성상 스트리밍 서비스를 통해 일반인이 자유롭게 들을 수 있다면 그림을 소유하는 느낌보다는 아무래도 소유욕이 덜할 수밖에 없습니다.

음악에 대한
투자 권리의 역할을 하는 NFT

음악에 NFT를 도입하기 위해서는 조금 다른 개념이 들어가는데, 그것이 바로 '저작권 쪼개 팔기'입니다. NFT가 도입되기 이전부터 지분 투자 개념의 음악 저작권 거래는 이미 이루어지고 있었습니다. 이 경우 음악 저작권은 작곡가와 작사가가 가지고, 플랫폼은 저작권료 참여 청구권을 쪼개 팔았었죠. 저작권료 참여 청구권은 매월 들어오는 저작권료를 받을 권리입니다. 여기에 STO로 투자를 하게 되면 자신이 투자한 음악의 성과에 따라 수익을 정산 받게 되죠.

그런데 투자하는 입장에서는 저작권이든 저작권료 참여 청구권이든 투자한 것보다 더 큰 수익이 안정적으로 들어오면 큰 상관이 없습니다. 하지만 문제는 돈을 벌어주는 곡은 소수의 몇몇 곡으로 한정되어 있다는 것입니다. 예를 들어 브레이브걸스의 노래『롤린』은 음악 저작권 거래 플랫폼으로 알려진(정확히는 참여 청구권이지만) '뮤직카우'에서 2020년 12월부터 2021년 10월까지 2,856.4%의 수익을 올리기도 했죠.

그런데 대부분의 곡은 이런 수익률과는 거리가 멉니다. 그리고 진짜 문제는 권리에 대한 거래가 배당주 같은 개념이라는 점이죠. 저작권료로 정산 받는 것은 주식을 사면 배당받듯이 어느 정도만 받으면 되는 것이고, 실제 수익은 노래가 히트해서 주식이 오르듯 그 노래에 대한 권리도 올라 차액 실현을 하는 것에서 나와야 합니다. 하지만 현재 거래량은 턱없이 부족한데요. 2021년 10월 기준으로 뮤직카우에 등록된 곡은 962곡입니다.

그런데 이런 문제를 음악 저작권 NFT가 어느 정도 해결할 수 있을 것으로 보입니다. 기존의 음악 저작권 거래 플랫폼에는 NFT가 도입되지 않았습니다. 그렇기 때문에 음악 저작권 거래에 있어 NFT는 이제 막 비즈니스적으로 도입하는 시기라 할 수 있습니다. 우선적으로는 NFT에 포함시킬 것이 실제 저작권인지 저작권료 참여 청구권인지 등과 같은 애매한 부분을 정리해야 합니다.

그리고 음악에 대해 한정된 인원이 참여하는 에디션을 NFT화해서 발행하면, 비즈니스 측면으로 유의미한 거래가 일어날 수 있습니다. 개별 음원 가운데 NFT 저작권이 많아지면, 증권 거래소처럼 저작권 거래소가 활발하게 생길 수도 있죠. 미국 샌프란시스코에 기반을 둔 투자 플랫폼 회사인 '리퍼블릭(Republic)'은 아티스트의 팬들이 음악 로열티에 대한 권리를 공유할 수 있게 해주는 증권형 NFT(Security NFTs: S-NFT)를 제공한다고 밝히기도 했습니다.

하지만 무엇보다 음악 저작권의 NFT 비즈니스화에 대해 기대치를 높이는 것은 HYBE, SM, JYP, YG 등 K-POP을 이끌고 있는 국내 연예 기획사의 NFT와 메타버스에 대한 사업 전망 때문입니다. 이 기업들은 NFT를 비즈니스에 도입한다는 비전을 가지고 있는데, 그것이 단순히 아티스트들의 사진에만 국한되지는 않을 것입니다. 만약 BTS의 앨범이 NFT화되어 거래되거나, 더 나아가 저작권 중 일부 권리가 NFT로 거래된다면 그야말로 파급 효과는 전 지구적일 것입니다.

그리고 중·소 기획사나 아티스트는 음악 NFT를 발행하면서 마치 펀딩을 하듯 앞으로 나올 음악에 대해 지분을 나눠주고, 그에 맞춰 음악을 제작할 수 있는 제작비를 충당할 수도 있습니다. 그렇게 되면 NFT 홀더와 교감하며 자신의 음악에 대한 피드백을 받을 수도 있겠죠. 마치 현재의 NFT 아트처럼 창작자와 유저가 어느 정도 뒤섞여 있는 구조로 NFT 뮤지션의 창작 형태가 결정될 수도 있습니다.

음악 저작권 NFT의 현실적인 문제

그런데 음악 저작권을 쪼개 파는 뮤직카우에 문제가 생겼습니다. 2022년 5월 금융 당국이 뮤직카우에 대해 제재를 가하는 사건이 일어난 것입니다. 소비자 보호 조치를 마련하라는 것이죠. 그래서 많은 분들이 무언가 위험한 투자고 불투명한 사업이라고 편견을 가지기도 했습니다. 금융

당국은 실물의 소유권을 나누는 것이 아니라, 수익을 나누는 권리다 보니 이는 금융 상품인 증권 거래와 비슷하다고 판단한 것입니다. 이런 금융 상품은 업체가 파산했을 경우 소비자를 보호하기 위한 준비가 갖춰져 있어야 하거든요. 그런 부분이 미진하니 보완하라는 것이죠. 뮤직카우 입장에서는 저작권의 지분을 나누는 것이라 금융 상품이라 인식하지 않고 시작을 했기 때문에 이런 준비가 안 되어 있었던 것이 사실입니다. 여기서 포인트는 이것이 금융 거래인지 실물 거래인지의 문제지, 이 사업 자체가 위법성이 있다는 것은 아닙니다. 그래서 뮤직카우 이후로 법적 가이드에 따라 저작권 STO는 NFT화되어서 많이 등장할 것입니다.

크라우드 펀딩에 NFT 접목하기

또 하나 생각할 수 있는 비즈니스 모델은 크라우드 펀딩에 NFT를 접목하는 것입니다. 크라우드 펀딩은 후원, 기부, 대출, 투자 등을 목적으로 자금을 필요로 하는 수요자가 웹이나 앱 같은 온라인 플랫폼을 활용해 다수의 대중으로부터 자금을 모으는 것입니다.

대부분은 상품이나 목적이 구체적으로 나와 있기 때문에 크라우드 펀딩에 참여할 경우, 목표로 한 상품이 나오거나 목적이 달성되면 그대로 상품이나 이익금을 나눠 받게 됩니다. 예를 들어 미니 PC 양산 크라우드 펀딩에 참여하게 되면 업체에서 어느 정도 이상 돈이 모여야 양산에 들어간다고 목표치를 세우는데, 그 목표치가 달성되면 펀딩에 참여한 사람한테 완성된 미니 PC를 보내고 끝나는 거죠. 어떻게 보면 상품에 대해 PT를 한 후 선판매 하는 것이나 마찬가지입니다. 이런 경우는 굳이 NFT와 연관시키지 않아도 충분히 완성된 시스템이라고 할 수 있습니다.

그런데 영화나 소설, 음악 등과 같이 저작권이 있는 크라우드 펀딩이라고 하면 이야기가 달라집니다. 소설가가 소설을 쓰고, 그 소설을 출판해서 인세를 받는 과정 자체를 하나의 상품으로 만들 수 있습니다. 일종의 개인의 비즈니스 모델인 셈인데, 소설의 저작권을 NFT로 크라우드 펀딩하는 것입니다.

지금 이루어지는 크라우드 펀딩과는 차이가 있죠. 현재의 시스템은 소설가가 어떤 소설을 내겠다고 약속을 하면 그 소설이 책으로 나오는 것을 미리 사는 것입니다. 저작권과는 아무 상관이 없죠. 그런데 소설에 대한 저작권을 쪼개서 그것을 NFT로 발행하면 그 NFT를 산 사람에게 저작권 수입이 NFT의 지분대로 계속 나눠서 지급됩니다. 만약 생각보다 대박이 났다고 하면 그 NFT의 가치가 올라서 2차 거래도 일어날 수 있죠. 음악이나 영화, 웹툰 등 저작권이 있는 모든 모델에 적용할 수 있는 NFT의 응용입니다.

NFT를 활용하면 STO처럼 투자 권리에 대한 조각소유와 손쉬운 유통이 가능해집니다. 이는 자산의 유동성을 공급해 주기 때문에 거래가 활발해질 수 있다는 장점을 가져오죠. 그리고 NFT화를 통해서 음악 저작권이나 크라우드 펀딩을 조각소유하거나 거래할 수 있습니다. 돈이 묶일 수 있다는 투자에 대한 부담을 줄여 보다 적극적인 투자를 이끌어 낼 수 있기 때문입니다.

전체적으로 NFT는 기업을 주식으로 소유하듯이, 모든 물건이나 권리를 주식처럼 소유해서 나눠 갖게 해주는 것입니다. 이런 특성은 투자에 유동성을 부여해서 보다 활발한 투자를 가능하게 해주는 것이죠.

11

NFT의
저작권과
IP 활용 비즈니스

NFT 프로젝트 자체로 구축하는 IP

앞서 컬렉터블 NFT 비즈니스에서 여러 분야의 IP를 활용해서 수집품 카드를 만드는 비즈니스에 대해서 이야기한 바 있습니다. 이번 장에서 이야기할 IP는 NFT 프로젝트 자체로 구축하는 IP입니다. 보통 IP 비즈니스라는 것은 IP를 활용하여 이미 유명한 영화, 애니메이션, 소설, 스포츠 등의 굿즈를 만든다든가, 2차 창작물, 광고 등 여러 비즈니스에 적용하는 식으로 전개됩니다. 이것이 앞서 이야기한 IP 비즈니스거든요. 그런데 지금 이야기하는 NFT IP 비즈니스는 IP를 가져다가 그 유명세를 이용해서 NFT를 만드는 것이 아니라, NFT 자체로 IP를 만들어 그것을 확장하는 역방향의 IP 전략입니다.

이것이 가능하다면 확장은 무궁무진합니다. 일단 IP에서 NFT로 오는 일반적인 IP 비즈니스는 매우 수동적일 수밖에 없고, 활용에 제한을 받을 수밖에 없습니다. 예를 들어 디즈니의 미키마우스를 NFT로 발행한다고 해서 미키마우스 IP를 마음대로 사용할 수는 없습니다. 미키마우스 NFT는 디즈니가 저작권 사용 허락을 내준 수십만 가지의 의류, 학용품, 인형 가운데 하나일 뿐이죠. 하지만 NFT를 통해 IP를 구축한다면 그 IP의 인기에 따라 수십만 가지의 비즈니스로 확장이 가능합니다.

NFT 세계관의 중요성

다양한 비즈니스로 확장하기 위해서는 먼저 NFT로 구축하는 IP에 디자인뿐 아니라, 스토리와 더 나아가 세계관까지 도입하는 것이 우선입니다. 지금의 NFT IP는 거의 디자인 위주입니다. 물론, 세계관을 많이 발표하지만 대부분은 마법의 세계, 외계인의 침입, 디스토피아적인 미래, 고릴라 등 뻔하디뻔한 세계관들입니다. 같은 세계관 안에서도 얼마든지 새로운 형태의 스토리가 나올 수도 있지만, 현재의 NFT는 스토리까지 신경 쓰면서 만들지는 않습니다. 그래서 스토리나 세계관이 전혀 매력적이지 않고, 2차 창작으로 이어지지도 않죠. 특별히 기억에 남지도 않고 인상적이지도 않으니까요.

현재 NFT IP의 가장 큰 문제는 NFT라서 확장력이 떨어지는 것이 아니라, 상상력이 부재한다는 점에 있습니다. 좋은 상상력이나 참신한 설정을 구상할 만한 사람들은 NFT 프로젝트에 있지 않고, 웹툰, 영화 같은 산업에 있습니다. 현재의 NFT 세계관이나 스토리는 NFT IP에 관계된 사람들, 그러니까 개발자나 마케터, 비즈니스맨이 모여서 만들고, 승인하고 있죠. 돈을 안 들이고 대강 디자인에 맞는 이야기를 꾸며내고 만다는 의미입니다. 당연히 비슷비슷한 설정과 스토리가 나올 수밖에 없는 상황이죠.

방대한 설정이 있는 영화 같은 창작물에 비해 짜임새가 떨어질 수밖에 없습니다. 흥행에는 실패했지만, 막대한 제작 비용이 들어간 최동훈 감독의 『외계+인』이라는 영화에서는 외계인의 언어까지 설정되어 있기 때문에, 외계 문자 자체를 창작해 사용했다고 합니다. 그렇게 해도 흥행이라는 것을 담보하기 어려운데, A4 몇 장에 담아내는 스토리와 세계관이 이 엄혹한 시장에 통할 리 없습니다.

초창기 NFT 프로젝트는 NFT라는 것 자체가 신기했기 때문에 어설픈 세계관이나 뻔한 스토리를 가지고 있어도, 심지어는 없어도 통하는 경우가 가끔 있었지만, 지금은 그런 요행이 통하는 때가 아닙니다. PFP NFT 몇 개 팔아먹는 것이 비즈니스의 최종 목적이라면 그건 비즈니스가 아니라 장사일 뿐이죠. 장사가 아닌 비즈니스를 하려면 세계관, 스토리 등에 보다 많은 시간과 비용, 인력을 투입해서 당장 웹소설이나 웹툰으로 만들어도 통할 만한 흥미진진한 서사를 만들어내야 합니다.

NFT 홀더에게 예측 가능성을 제공하는 세계관의 역할

많은 NFT 프로젝트는 그 자체로 끝나기보다는 보통 메타버스 혹은 적어도 큰 비전을 담고 있는 로드맵과 연결이 됩니다. 그러니 NFT의 세계관이나 스토리가 그 NFT 프로젝트 하나만을 위해서 창작되지는 않습니다.

NFT의 디자인에 담긴 것보다 훨씬 많은 설정과 스토리가 필요한 것이죠. 실제로 이후 이어지는 로드맵과도 연결되면서, NFT가 비즈니스적으로 확장할 수 있는 가이드가 됩니다. 설정을 보면 이후 이어질 프로젝트의 방향성이나 전개 과정이 어느 정도 예측 가능해집니다. NFT를 홀딩하는 유저에게 예측 가능성은 매우 중요한 요소입니다. 언제, 어떤 식으로 프로젝트가 확장되고 비즈니스적으로 연결되는지를 알아야, 홀더로서 자신의 행동을 결정할 수 있습니다. 그래서 NFT에서의 세계관 설정이나 스토리 창작은 매우 중요한 요소입니다. 이 부분에 보다 많은 시간과 비용, 그리고 노력이 투자되어야 합니다. 잘 만들어진 세계관이나 스토리는 다른 창작물과도 연결되면서 발전할 수 있는 여지가 많아집니다.

크립토 겨울을 통해 탄탄하게 정리되는 NFT 프로젝트들

서사가 있는 캐릭터가 생기면, 다음에는 그 IP의 확산 전략이 필요합니다. 기존에는 그것을 커뮤니티가 했었는데, 점점 커뮤니티의 결속력과 영향력은 줄어들고 있습니다. NFT는 커뮤니티가 핵심이라는 말이 있을 정도로 NFT 커뮤니티의 결속력과 조직력은 유명했었죠. NFT를 홍보하거나 사용 범위를 확산시킬 때 '커뮤니티의 화력'이라는 말을 쓸 정도로 커뮤니티의 활약은 대단했었습니다. 하지만 많은 사람들이 간과한 부분이 있어요. 이들의 결속력은 사실 경제적 이익으로부터 기인했다는 점입니다. NFT 프로젝트가 위력을 떨칠수록 그 가치가 올라가니까 커뮤니티 활동을 열심히 한 것이지, 그 외의 다른 목적이 있는 것은 아닙니다.

한국은 그럴지 몰라도 외국 커뮤니티는 안 그렇다고 말하는 사람도 있지만, 외국 커뮤니티도 목적에 있어서는 다르지 않습니다. 다만, 외국 커뮤니티는 한국보다 조금 더 장기투자에 너그러운 것뿐입니다. 한국 NFT 홀더는 가격이 오르면 2~3일 만에라도 팔아버리기 때문에, 그야말로 단타를 노리는 사람이 많거든요. NFT가 민팅되기 직전에는 홍보에 열심히

동참하고 화이트리스트에 오르기 위해 노력하다가, 민팅이 돼서 목표했던 가격대가 되면 미련 없이 팔아버리죠. 오래가는 NFT가 유독 안 나오는 한국 NFT의 특징은 한국 홀더의 특징에서 기인하는 것입니다. 그렇다고 외국 NFT 홀더가 다른 생각을 하는가 하면 그건 또 아니라는 거죠. 그들은 조금 더 긴 텀의 투자를 허용하는 사람일 뿐입니다. 최종 목적이 NFT의 가치 상승으로 인한 시세 차익인 것은 똑같습니다.

그렇기 때문에 크립토 겨울이 오면서 NFT 투자자는 모두 떠나버렸습니다. 돈을 노리고 투자에 나선 건데 돈이 안 되니까 다른 '돈 될 것'을 찾아가 버린 거죠. 이런 시기이기 때문에 NFT씬에서는 워런 버핏(Warren Buffett)의 말을 떠올리고 있습니다. 수영장의 물이 빠져 봐야 누가 발가벗고 수영했는지 알 수 있다고요. 크립토 겨울이 오히려 NFT 프로젝트들이 탄탄하게 정리될 수 있는 기회라고 생각됩니다.

저작권의 분산 소유 전략

그렇다면 커뮤니티의 결속력에 있어 가장 중요한 경제적 이익을 빼고 구심력을 발휘하게 하려면 도대체 어떤 유인을 만들어야 할까요? 첫 번째는 경제적 이익보다 큰 가치입니다. 그 NFT를 가지고 있는 것만으로도 거대한 가치 창출에 기여하고 있다는 만족감이나 사명감 같은 것을 말합니다. 예를 들어 NFT를 가지고 있으면 환경을 보호할 수 있다든가, 아니면 아프리카 빈곤 문제, 전염병 문제 등을 해결하는 데 기여할 수 있다든가 하는 캠페인 같은 거죠. 하지만 비즈니스적 기반도 자리 잡지 못한 NFT씬이 이렇게 공익적인 것에 갇히게 되면 성장의 한계에 부딪힐 수밖에 없어서, 우선적으로 취할 전략은 아닙니다.

조금 더 현실적이고, 실제로 효과가 좋았던 것은 저작권의 분산 소유입니다. 분권화된 저작권 전략이라고도 할 수 있죠. 원래 NFT는 소유권 증명이지 저작권 증명은 아니기 때문에 NFT 그림을 사더라도 그림의 저작권이 아닌 소유권만 가지게 되는 것입니다. 사실 우리가 현실에서 사는 그림도 그런 구조예요. 예를 들어 김환기 작가의 그림을 사서 집에 걸어놓아도, 그 그림을 자신이 쓴 책에 넣으려면 저작권자의 허락을 따로 받아야 합니다. 그림을 살 때는 소유권만 사는 것이고, 저작권은 화가 혹은 화가의 유족에게 있습니다. NFT 아트만 해도 이런 문법을 그대로 따랐습니다. 그런데 저작권을 소유권자에게 내어주자 훨씬 다양한 비즈니스의 가능성이 열리는 것을 보면서, 최근에는 NFT 거래에 저작권도 포함시키는 분위기로 바뀌었습니다.

저작권 분산 정책으로 가장 크게 성공한 프로젝트가 바로 BAYC입니다. BAYC는 현존하는 최고의 NFT 프로젝트라 평가받고 있는 프로젝트죠. 물론, 여러 가지 이유가 복합되어 최고의 프로젝트가 되었는데, 그중에서도 신의 한 수라고 평가받는 것은 저작권 분배 정책입니다.

BAYC는 원숭이의 소유권을 가지고 있는 NFT 홀더에게 저작권까지 주었습니다. 그러자 나이키 같은 경우는 BAYC의 원숭이를 사서 그 원숭이를 광고 모델로 내세우기도 했습니다. 뿐만 아니라 네 마리의 원숭이를 힙합 그룹으로 데뷔시킨 경우도 있었고, 호텔 벨보이 모양의 원숭이 오너는 그 원숭이가 요트 클럽의 문지기라는 설정을 만들고, 요트 클럽에 드나드는 원숭이들의 비밀을 폭로하는 글을 써서 베스트셀러에 올리기도 했습니다.

그중에서도 가장 잘 활용한 것은 아디다스입니다. 원숭이 한 마리를 사서 '인디고 허츠(Indigo Herz)'라고 이름 붙이고, 그 원숭이에게 형광색의 아디다스 운동복을 입었습니다. 그리고 30,000개의 NFT를 발행합니다. 이 NFT를 가진 사람에게는 2023년에 원숭이가 입고 있는 옷과 똑같은 운동복을 보내겠다는 혜택도 부여했죠. 90만 원에 발행된 인디고 허츠의 NFT는 모두 완판되었습니다. 당시 아디다스가 원숭이를 살 때 쓴 돈은 그때 시세로 2억 원이 채 되지 않습니다. 그런데 인디고 허츠의 판매로 얻은 수입은 270억 원입니다.

아디다스의 인디고 허츠 [34)]
자료: 인디고 허츠 공식 트위터 캡처

저작권을 홀더에게 분배했더니, 개별 원숭이가 각자의 유니버스를 만들어 나가기 시작한 겁니다. 그래서 BAYC는 '분권화된 디즈니'라는 별명을 가지고 있어요. 저작권을 중앙집권적으로 가지고 있는 디즈니와 달리, NFT 홀더에게 저작권이 분산되는 것이죠. 그러다 보니 다양하고 기상천외한 원숭이를 활용한 여러 가지 유니버스가 빠른 속도로 나오기 시작한 것입니다.

BAYC 이후 저작권을 홀더에게 주는 NFT가 많이 생겼습니다. 하지만 그 저작권을 잘 활용하는 예는 그 후로 아직 나오지 않고 있습니다. BAYC 만큼의 유명세가 있는 NFT가 없어서 그런 것도 있겠지만, 아직은 유저가 저작권을 잘 활용하지 못하기 때문이기도 합니다.

컬래버레이션을 통한
NFT의 가치 높이기 전략

또 다른 NFT의 전략은 컬래버레이션 전략입니다. BAYC도 컬래버레이션을 많이 하지만, 기업과의 컬래버레이션을 통해 서로의 인지도를 끌어올린 것으로 유명한 대표적인 NFT 프로젝트는 메타콩즈라 할 수 있습니다. 현대차, GS, 신세계 같은 대기업과 컬래버레이션을 했고, 연예 기획사인 YG와 MOU를 체결하기도 했으며, 세븐나이츠 레볼루션이라는 게임과 마케팅을 하기도 했었어요.

기업들은 단독으로 NFT를 발행하는 모험을 하기보다는 한국에서 안정적으로 이름을 얻고 있는 메타콩즈와 협업함으로써 마케팅 효과를 누릴 수 있었고, 메타콩즈는 기업과의 협업으로 수익적인 부분뿐 아니라 메타콩즈 NFT 가격도 성공적으로 부양할 수 있었습니다. 하지만 메타콩즈는 크립토 겨울이 오기 전부터 개발사의 내분이 밖으로 불거지며, 신뢰에 타격을 받기 시작을 했는데, 크립토 겨울이 겹쳐지면서 국내 선도 NFT로서의 영광을 거의 잃었습니다.

메타콩즈의 컬래버레이션 전략은 신뢰를 쌓는 좋은 방법으로, 앞으로의 NFT 프로젝트에게는 하나의 비즈니스 모델이 될 만합니다. 하지만 메타콩즈 사태 때문에 기업들이 작은 개발사와 협업하기보다는 차라리 NFT를 직접 발행하는 쪽으로 방향을 틀게 되었는데요. 이런 전략을 세운 개발사에게는 좋지 않은 소식이겠죠. 물론 모든 기업이 직접 NFT를 발행할 수는 없으니, 여전히 NFT IP를 확장하는 전략으로 기업과의 컬래버레이션은 하나의 선택지가 될 수 있겠습니다.

기존 IP에서 2차 창작물로
확장하기 전략

재미있는 IP 확장 전략이 하나 있습니다. 지금까지는 IP를 새로 창조해서 인지도를 올리는 일이 결코 쉽지 않기 때문에 기존 IP를 많이 활용했었는데요. 이 IP 확장 전략은 기존 IP의 인지도를 새로운 IP에 접목하려는 시도입니다.

앞서 언급한 것과 같이 '선미야 NFT'는 가수 선미를 모델로 해서 만들어진 NFT입니다. 그런데 연예인 NFT는 그들의 팬덤과 NFT 홀더의 니즈가 서로 같지 않아 종종 잡음을 일으켜 왔습니다. 연예인 NFT로서 이런 상황을 경험하면서도 나름 성공적으로 NFT 프로젝트를 이끌어 나갔지만, 결국 한계를 느낀 것으로 생각됩니다. 그래서 선미야 NFT 프로젝트는 NFT를 기반으로 하는 2차 창작물인 '미야 NFT'로 확장하게 됩니다.

연예인 선미는 IP 활용성에 제한을 받을 수밖에 없기 때문에, 두 번째 NFT 프로젝트에서는 미야 세계관으로 확장하여 연예인 선미와는 다른 '미야'라는 캐릭터를 내세웠습니다. 하지만 결국 선미야 NFT 프로젝트에서 파생된 것이기 때문에 연관성은 분명합니다. 다시 말해 선미의 IP를 활용하여 새롭게 론칭하는 IP와 연결하는 프로젝트라 할 수 있습니다. 이런 것이 바로 세계관 확장입니다, 성공한 NFT 프로젝트는 이런 식으로 프로젝트를 확장하고, IP의 사용성을 증가시킬 수 있습니다.

NFT의 탄탄한 세계관은 수많은 홀더와 팬을 열광시킬 가장 중요한 요소이자 메타버스와의 연결점이고, 비즈니스 확장의 열쇠가 되는 필수 요소입니다. 대강 만들어서는 절대로 탄탄한 NFT 프로젝트나 메타버스를 만들 수 없습니다. 그러니 처음에 세계관이나 스토리를 잘 만드는 것이 필요합니다.

이 세계관을 환산시키는 전략으로는 저작권의 분산 소유가 있는데요. 이를 통해 홀더 모두가 창의적으로 NFT 세계관과 IP를 구축할 수 있고, 다양한 컬래버레이션을 바탕으로 NFT IP의 가치를 높일 수도 있습니다. 그리고 이미 알려진 IP의 2차 창작을 통해 IP 사용의 자유로움과 인지도라는 두 가지 장점을 다 취할 수도 있을 것입니다.

12

NFT
비즈니스의 유형별 정리와 미래 전망

NFT 비즈니스에 대한 비전

블록체인을 이용하여 디지털 파일을 대체 불가능한 것으로 만드는 NFT는 디지털 가상 자산을 만드는 기술입니다. 디지털 파일이 유일무이한 것이 되면서 가치가 생겨나게 되는 것이죠. 우리가 사는 환경이 디지털 세계로 변화하면 우리에게 필요한 물건 역시 디지털 파일이 될 것입니다. 우리는 현실 세상에서 언제든 현금화할 수 있는 물건들, 즉 자동차, 땅, 집 등을 자산이라고 부릅니다. 이처럼 NFT는 디지털 세계의 자산이기 때문에 그때가 되면 진정한 가치를 발휘할 것입니다.

지금은 디지털 세계로 아직 가지 못한 상태이기 때문에 NFT는 현실과 연계하여 존재하고 있습니다. 처음 NFT가 부상할 때는 디지털 파일을 희소하게 만들 수 있다는 특징 하나만 가진 NFT 아트가 대표적이었지만, 곧

에필로그

　재미있는 사실은 'NFT 비즈니스에서 이런 것이 가능하지 않을까?' 하고 생각했던 것들은 이미 나와 있다는 것이고, 이미 많은 시도가 이루어진 데다가 그것을 향유하는 사람들까지 있다는 것입니다. 이쯤 되면 나만 뒤떨어진 사람처럼 느껴지기도 합니다.

　하지만 글로벌 비즈니스인 NFT 비즈니스는 이제 초창기입니다. 디지털 콘텐츠 소유권 증명 기술인 NFT가 본격적으로 펼쳐지는 시기는 인류가 본격적으로 디지털 시대를 살아갈 때입니다. 전 세계 글로벌 기업의 디지털 세계로의 러시, 재택근무, 글로벌 네트워킹 등의 근무환경 변화 등을 보면 인류가 디지털 일상을 공유할 시간이 그리 멀지 않았다는 것을 느낄 수 있습니다. 통·번역 AI 기술이 하루가 다르게 발전하고 있죠? AI 과학자들이 말하는, 통·번역 AI가 인간을 능가할 수 있는 2024~2026년이 되면 디지털 일상의 경향은 특이점을 맞이할 수 있습니다. 전 세계 사람들이 언어의 제약 없이 한 공간에서 만나고, 커뮤니티를 만들고, 비즈니스도 할 수 있으니까요.

그래서 더더욱 지금 NFT 비즈니스에 대한 시도가 다양하게 이루어지고 있는 것입니다. 대한민국의 일상을 지배하고 있는 카카오톡, 그리고 그 카카오톡을 매개로 이루어진 카카오라는 대기업은 2009년 전에는 있을 수 없는 회사였습니다. 스마트폰이 보급되지 않았으니까요. 실제로 2010년부터 서비스를 시작했는데, 만들어진 지 10여 년이 조금 넘은 회사가 지금은 오류 한 번으로 대한민국의 일상을 마비시키는 대기업으로 자리 잡았습니다. 디지털 시대 비즈니스의 성공 속도는 이렇게 무섭습니다. 갈수록 가속화되는 경향이 있으니, 이제는 4~5년 만에도 거대 기업이 나올 수 있거든요. 그리고, 그런 가능성이 있는 분야가 바로 NFT 비즈니스입니다. 디지털 콘텐츠의 시대에, 디지털 콘텐츠 소유권 증명 기술이니까요.

이제 시작입니다. 이 책을 완독하셨다면 분명 보통의 대중보다는 NFT에 대한 본질적인 이해를 한 것이고, 이제는 이 이해를 실제 필드에서 어떻게 적용할 것인가 하는 응용만이 남았습니다. 여기저기 적용하고, 시도하고, 실험하고, 자신만의 NFT 비즈니스를 찾아서 다가올 미래에 단단히 대비할 수 있기를 바랍니다.

출처 및 인용

01) https://www.bbc.com/korean/features-61563862

02) https://twitter.com/jack/status/20

03) https://twitter.com/zepeto_official/status/1471810128554901510

04) https://trends.google.co.kr/trends/explore?date=today%205-y&q=NFT

05) https://twitter.com/Grimezsz/status/1365899885979963392

06) https://boredapes.web.app/

07) https://trends.google.co.kr/trends/explore?date=today%205-y&geo=KR&q=NFT

08) https://www.youtube.com/results?search_query=%EC%A0%9C%EB%84%88%EB%A0%88%EC%9D%B4%ED%8B%B0%EB%B8%8C+%EC%95%84%ED%8A%B8+%EB%A7%8C%EB%93%A4%EA%B8%B0

09) https://blog.naver.com/PostView.naver?isHttpsRedirect=true&blogId=mage7th&logNo=221544603383

10) https://www.instagram.com/p/Cc7gbDXrx74/?igshid=Yzg5MTU1MDY=

11) https://www.instagram.com/p/CeCz4--pkY4/?igshid=Yzg5MTU1MDY%3D

12) https://twitter.com/TiffanyAndCo/status/1555554251916689408

13) https://www.instagram.com/p/CdIZ7dVLYVX/?igshid=Yzg5MTU1MDY%3D

14) http://www.spochoo.com/news/articleView.html?idxno=88079

15) https://commons.wikimedia.org/wiki/File:1909_T206_Honus_Wagner_Baseball_Card_with_PSA_grade_EX_5-MC.jpg

16) https://www.dapperlabs.com/#products

17) https://youtu.be/Uvufun6xer8?t=864

18) http://news.heraldcorp.com/view.php?ud=20210618000652

19) https://stories.starbucks.com/stories/2022/the-starbucks-odyssey-begins/

20) https://www.com2verse.com/

21) https://opensea.io/

22) https://metagalaxia.com/

23) https://www.upbit.com/nft/

24) https://www.fnnews.com/news/202203290644577334

25) https://twitter.com/LouisVuitton/status/1425426779993513986

26) https://www.theguru.co.kr/news/article.html?no=33338

27) https://www.dokdoverse.kr/

28) https://kleva.io/

29) https://nftbank.ai/

30) https://hoopclub.xyz/

31) https://www.stepn.com/howToPlay

32) https://news.nate.com/view/20220324n03606?hc=931908&mal=01

33) https://bbric.com/

34) https://twitter.com/indigo_herz

새로운 부의 기회,

NFT

2023년 3월 초판 1쇄

지은이 이시한

기획 고우리
디자인 강소연
펴낸곳 (주)넷마루

주소 08380 서울시 구로구 디지털로33길 27, 삼성IT밸리 806호
전화 02-597-2342 **이메일** contents@netmaru.net
출판등록 제 25100-2018-000009호

ISBN 979-11-982171-0-3 (03320)